Wissenschaftliches Arbeiten

von

Prof. Dr. Axel Bänsch
Universität Hamburg

Prof. Dr. Dorothea Alewell
Universität Hamburg

11., aktualisierte und erweiterte Auflage

Oldenbourg Verlag München

Lektorat: Christiane Engel-Haas, M.A.
Herstellung: Tina Bonertz
Titelbild: thinkstockphotos.com
Einbandgestaltung: hauser lacour

Bibliografische Information der Deutschen Nationalbibliothek
Die Deutsche Nationalbibliothek verzeichnet diese Publikation in der Deutschen
Nationalbibliografie; detaillierte bibliografische Daten sind im Internet über
http://dnb.dnb.de abrufbar.

Library of Congress Cataloging-in-Publication Data
A CIP catalog record for this book has been applied for at the Library of Congress.

© 2013 Oldenbourg Wissenschaftsverlag GmbH
Rosenheimer Straße 143, 81671 München, Deutschland
www.degruyter.com/oldenbourg
Ein Unternehmen von De Gruyter

Gedruckt in Deutschland

Dieses Papier ist alterungsbeständig nach DIN/ISO 9706.
ISBN   978-3-486-71867-6
eISBN 978-3-486-76010-1

Vorwort und Benutzungshinweise zur 11. Auflage

Aus der Betreuung und Begutachtung ungezählter Seminararbeiten und von inzwischen weit über 1.000 Diplom- sowie Bachelor- und Masterarbeiten ist unser Eindruck: Fast alle Studierende fühlen sich bei der Anfertigung wissenschaftlicher Arbeiten hinsichtlich der Technik und der Regeln wissenschaftlichen Arbeitens zunächst unsicher. Sehr vielen mangelt es von Grund auf an den Kenntnissen, die die Voraussetzung für erfolgreiches wissenschaftliches Arbeiten darstellen. Die schulische Ausbildung hat ihnen dazu nichts vermittelt, und nicht in allen Studiengängen werden sie hierauf gezielt vorbereitet, bevor sie ihre erste wissenschaftliche Arbeit schreiben.

Die vorliegende Schrift bietet in konzentrierter Form umfassende Hilfestellung.

Noch unerfahrene Studierende können die notwendigen Gesamtinformationen beziehen. Bei nur partieller Unsicherheit kann man sich über das Inhalts- und Stichwortverzeichnis die jeweiligen klärenden Passagen heraussuchen. Aufgrund unserer langjährigen Erfahrungen empfehlen wir allerdings, selbst bei weitgehend sicherem Gefühl die Gesamtschrift zu lesen. Denn auch hinsichtlich der Beherrschung von Technik und Regeln wissenschaftlichen Arbeitens kann das Gefühl täuschen! Um zur Benutzung der Gesamtschrift anzuregen, haben wir sie zum einen so kompakt gehalten, wie es möglich erschien. Zum anderen haben wir die Schrift so angelegt, dass man sie nicht in einem Zug lesen muss, sondern als Nachschlagewerk benutzen kann.

Es bietet sich folgende Nutzung des Buches an:

Vor Beginn der wissenschaftlichen Arbeit: Block A (Grundansprüche an wissenschaftliche Arbeiten) lesen. Denn hier wird generell vermittelt, welche Anforderungen Arbeiten zu erfüllen haben, um als ‚wissenschaftlich‘ gelten zu können. Über diese generellen Anforderungen sollte von vornherein Klarheit herrschen.

Parallel zur Anfertigung der wissenschaftlichen Arbeit: Block B (Entstehungsprozess einer wissenschaftlichen Arbeit) durchgehen. Dieser Block behandelt Hinweise und Regeln für die einzelnen Entstehungsschritte einer wissenschaftlichen Arbeit und konkretisiert Technik und Regeln des wissenschaftlichen Arbeitens über Demonstrationsbeispiele.

Nach prinzipieller Fertigstellung der wissenschaftlichen Arbeit (aber selbstverständlich vor ihrer Abgabe): Block C (Beurteilungskriterien für wissenschaftliche Arbeiten und Regeln guter wissenschaftlicher Praxis) zur Letztkontrolle heranziehen. Zwar vermitteln die Blöcke A und B bereits Aufschluss über die Kriterien, an denen Gutachterinnen und Gutachter ihre Bewertung auszurichten pflegen. Block C präsentiert diese Kriterien und Regeln aber nochmals ausdrücklich und systematisiert als eine Art ‚Gesamt-Checkliste'. An ihr lässt sich prüfen, ob die zur Abgabe vorgesehene Fassung wirklich in jeder Hinsicht der Technik und den Regeln wissenschaftlichen Arbeitens entspricht.

Gegenüber der 10. Auflage wurde die gesamte Schrift gründlich durchgesehen und aktualisiert. Formulierungen wurden präzisiert und Druckfehler korrigiert. Einige Abschnitte wurden erweitert: Die Hinweise zu den Regeln guter Wissenschaftlicher Praxis, zu Täuschungsversuchen und Plagiaten wurden aus aktuellem Anlass ausgebaut und an den jeweils relevanten Stellen expliziter als zuvor benannt. Neu aufgenommen wurden auch erweiterte Hinweise auf elektronische Literaturverwaltungsprogramme. Die bewährte Grundstruktur des Buches jedoch wurde beibehalten.

Die Arbeit an der nunmehr vorliegenden 11. Auflage hat Frau Petra Berndt mit Formatierungsarbeiten, Recherchen und mehrfachem Korrekturlesen sehr tatkräftig und hilfreich unterstützt, wofür wir ihr sehr herzlich danken.

Wir wünschen viel Freude beim ‚Wissenschaftlichen Arbeiten' und den vollendeten Arbeiten die verdienten Erfolge!

Hamburg, im Juni 2013   Axel Bänsch und Dorothea Alewell

Vorwort zur 10. Auflage

Die Hochschulen und die Ausbildung an den Hochschulen unterliegen derzeit einem starken Wandel, da im Gefolge der Bologna-Beschlüsse die Diplomstudiengänge abgelöst werden durch die modularisierten Bachelor- und Masterstudiengänge. Diplomarbeiten werden damit durch Bachelor- und Masterarbeiten ersetzt, die teilweise anderen Zeitfristen unterliegen. Zudem werden das Internet und die Nutzung elektronischer Ressourcenpools immer wichtiger für das wissenschaftliche Arbeiten generell, aber auch für die Erstellung von wissenschaftlichen Arbeiten während des Studiums. Die zentralen Anforderungen an das wissenschaftliche Arbeiten allerdings bleiben unverändert.

Daher sind in dieser Auflage die bewährte Grundstruktur des Buches und alle wesentlichen Aussagen zu den Techniken und Regeln wissenschaftlichen Arbeitens unverändert geblieben. Anpassungen und Erweiterungen hat es überall dort gegeben, wo Aussagen zu den Bachelor- und Masterstudiengängen und ihren typischen Abschlussarbeiten ergänzt werden mussten. Zudem wurden die Hilfestellungen, die sich auf das Internet und die Nutzung elektronischer Ressourcenpools zur Recherche sowie auf die Zitation dort gefundener Quellen beziehen, in den laufenden Text integriert.

Zudem gibt es eine Änderung in der Autorenschaft: Nachdem Axel Bänsch bisher Alleinautor dieses Buches war, wurde die vorliegende 10. Auflage – und werden weitere Folgeauflagen – gemeinsam mit Dorothea Alewell aktualisiert und überarbeitet.

So sollen nach der Pensionierung von Axel Bänsch der Bezug auf die jeweils aktuellen Studiengänge gewahrt werden und die Rückmeldungen der jeweils aktiven Studierenden weiterhin zur Verbesserung dieses Buches beitragen. Wir freuen uns auf die Zusammenarbeit bei den zukünftigen Auflagen.

Axel Bänsch   Dorothea Alewell

Inhaltsverzeichnis

Abbildungsverzeichnis

A. Grundansprüche an wissenschaftliche Arbeiten

I. Wissenschaft und gute wissenschaftliche Praxis

a. Kurzkennzeichnung

Wissenschaft ist in ihrem Kern durch die Suche nach Wahrheit und neuen Erkenntnissen gekennzeichnet. Ein gut formuliertes Thema einer wissenschaftlichen Arbeit enthält stets eine Forschungsfrage, die beim bisherigen Stand der Erkenntnisse noch nicht (vollständig) beantwortet ist. Ziel der wissenschaftlichen Arbeit zu diesem Thema ist es, eigenständige neue Antworten auf diese Frage zu erarbeiten und damit den Stand der Forschung zu erweitern bzw. den Stand der Erkenntnisse zu vertiefen. Dabei sind die Regeln guter wissenschaftlicher Praxis durchgängig einzuhalten.

b. Kommentierung

Der Kern wissenschaftlichen Arbeitens besteht damit in der Suche nach neuen Erkenntnissen. Zentrale Grundlagen dieser Arbeit sind der redliche, an der Wahrheit orientierte Umgang mit Informationen, Fakten und Aussagen auf der Basis des jeweils schon erreichten Standes der Erkenntnis und die durchlaufende Respektierung des geistigen Eigentums anderer Autorinnen und Autoren. Verhaltensweisen wie die Verwendung fremden geistigen Eigentums ohne korrekte Kennzeichnung der Urheberin oder des Urhebers und der Fundstelle (Plagiate), die Vorspiegelung falscher Autorschaft (z.B. Ghostwriting), die Manipulation von Daten oder die Unterdrückung nicht erwarteter Ergebnisse stellen daher wissenschaftliches Fehlverhalten dar.

Regeln guter wissenschaftlicher Praxis konkretisieren, was diese Grundanforderung im Einzelnen von Autorinnen und Autoren verlangt. Sie sind bei der Erstellung einer wissenschaftlichen Arbeit durchlaufend einzuhalten. Es ist auch neben der Lektüre dieses Buches sinnvoll und geboten, dass sich Studierende, die eine Abschlussarbeit verfassen, gründlich mit diesen Regeln auseinandersetzen, diese vor Beginn ihrer Arbeit mindestens einmal auch im Zusammenhang lesen, deren Geist auf sich wirken lassen und diese Regeln dann bei der konkreten Arbeit beachten. Daher wurde eine Fassung dieser Regeln, die sich explizit an Studierende und Prüfende im Kontext von Abschlussarbeiten richtet, in Teil C III dieses Buches aufgenommen (vgl. Abbildung 47).

Im folgenden Text wird bei der konkreten Darstellung der Regeln und Techniken wissenschaftlichen Arbeitens teilweise auch explizit auf Regeln guter wissenschaftlicher Praxis hingewiesen. Aber auch dort, wo nicht explizit darauf hingewiesen wird, bezieht sich dieser Text an vielen Stellen auf solche Grundregeln wissenschaftlichen Arbeitens, erklärt diese und gibt Hinweise dazu, wie diese konkret umgesetzt werden können.

II. Grundstruktur der wissenschaftlichen Arbeit

a.   Kurzkennzeichnung

Jede Endfassung einer wissenschaftlichen Arbeit besteht mindestens aus einem Basis-, einem Kern- und einem Schlussabschnitt.

Im **Basisabschnitt** der Arbeit ist das Thema in eine **eindeutige Fragestellung** umzusetzen, die einer dem Typ und Umfang der Arbeit angemessenen Themenausschöpfung entspricht. Die Autorin/der Autor muss selbst klar wissen, worüber zu schreiben ist, und muss den Leserinnen und Lesern sowie Gutachterinnen und Gutachtern unmissverständlich mitteilen, worüber geschrieben werden soll.

Im **Kernabschnitt** der Arbeit ist die **Fragestellung** aufzunehmen und – ggf. zerlegt in Teilfragestellungen – zu **behandeln**. Es hat weder mehr noch weniger zu geschehen! Das heißt, einerseits ist die Fragestellung **vollständig** zu erfassen, andererseits sind Ausführungen außerhalb der Fragestellung zu vermeiden. Zur Fragestellung soll die Autorin bzw. der Autor eine möglichst lückenlose und widerspruchsfreie Argumentations-/Beleg-/Beweiskette entwickeln, aus der sich die umfassenden

Antworten zur Fragestellung ergeben bzw. aus der sich die den Forschungsstand vertiefenden Ergebnisse ableiten lassen.

Im **Schlussabschnitt** der wissenschaftlichen Arbeit sind die aus der Behandlung der Fragestellung resultierenden **Ergebnisse** zu **präsentieren.** Darüber hinaus kann weiterer Forschungsbedarf aufgezeigt werden.

Die ausgewiesenen Ergebnisse müssen klaren Bezug zur Fragestellung aufweisen und sich auf jeden Einzelaspekt der Fragestellung beziehen.

b. Kommentierung

1. Ableitung der Fragestellung aus dem Thema im Basisabschnitt

Die Umsetzung des Themas in eine klare Fragestellung (häufig auch als ‚Problemstellung' bezeichnet) schützt davor, dass einfach mehr oder weniger ziellos darauf losgeschrieben wird. Durch die Fragestellung wird das inhaltliche Ziel der Arbeit festgelegt. Konkretisiert wird, in welchem Bereich genau der Forschungsstand zu vertiefen und neue Erkenntnisse zu erarbeiten sind. In diesem Ziel liegt zugleich der Maßstab dafür, welche Schritte und Aussagen zu einer vollständigen Bearbeitung der Fragestellung gehören, welche dagegen unnötige Schlenker und Umwege bedeuten. Man kann unterschiedliche Typen von Fragestellungen unterscheiden (vgl. Abbildung 1).

Im einfachsten Fall gehört nur ein Typ von Fragestellung zu einem Thema. Häufig sind Themen aber auch deutlich weiter formuliert, so dass zwei oder mehr Typen von Fragestellungen zu dem Thema gehören, z. B. eine Erklärung, eine Aussage zur Bewertung eines Zustandes und eine daraus abgeleitete Gestaltungsaussage. Bevor man beginnt, eine Arbeit zu schreiben, sollte man sich darüber klar werden, welcher Typ oder welche Typen von Fragestellungen im Thema enthalten sind. Die Gliederung der Arbeit muss sich danach richten, welche Frage(n) und welchen Typ von Frage(n) man beantworten will bzw. soll.

Man verstellt sich leicht den möglichen Erfolg des wissenschaftlichen Bemühens bereits in dieser Anfangsphase, wenn man - statt zunächst zu überlegen, welche Teilfragen und welche Typen von Fragestellungen ein Thema birgt und wie diese miteinander zusammenhängen- sich zu einem schnellen, aber ziellosen Start verleiten lässt. Konkret zeigt sich dies dann häufig in der Form, dass zu Begriffen, Sachverhalten, Stichworten oder Statements, die Teil (aber eben nur Teil) der Themenformulierung sind, einfach alles abgeladen wird, was dazu bei den Literaturrecherchen gefunden wurde. Nicht selten wird dies dann auch noch in der zufälligen Reihenfolge, in der man darauf gestoßen ist, in den Text integriert.

Fragetyp	Leitfrage	Beispiel
Beschreibung, Deskription	Was ist der Fall? Wie sieht die „Realität" aus? (oder auch: Sieht die Realität wirklich so aus?)	Welche Unternehmen betreiben viel Personalentwicklung? Wie hat sich die Arbeitskräftemobilität in der EU seit 1990 verändert?
Gestaltung	Welche Maßnahmen sind geeignet, um ein bestimmtes Ziel zu erreichen?	Welche Personalentwicklungsmaßnahmen sind geeignet, soziale Kompetenz zu erzeugen? Wie kann die Arbeitskräftemobilität in der EU gefördert werden?
Erklärung	Warum ist etwas der Fall?	Warum unterscheiden sich Unternehmen in ihrer Personalentwicklungsintensität? Warum hat sich die Arbeitskräftemobilität in der EU seit 1990 (nicht) verändert?
Prognose	Wie wird etwas zukünftig aussehen? Welche Veränderungen werden eintreten?	Wie wird sich die Personalentwicklungsintensität von Unternehmen einer Branche verändern? Wie wird sich die Arbeitskräftemobilität in der EU in den nächsten fünf Jahren verändern?
Kritik/ Bewertung	Wie ist ein bestimmter Zustand vor dem Hintergrund bestimmter Kriterien zu bewerten?	Wie ist die Personalentwicklung von Unternehmen im Hinblick auf Chancengleichheit (oder Umweltanpassung usw.) zu bewerten?

Abbildung 1: Fragetypen

Quelle: leicht verändert übernommen aus Nienhüser, W./Magnus, M. (1998): Die wissenschaftliche Bearbeitung personalwirtschaftlicher Problemstellungen. Eine Einführung; Essener Beiträge zur Personalforschung, Nr. 4/1998, Universität-Gesamthochschule Essen, S. 4.

Das gedankliche Chaos und die Mängel im Argumentationsaufbau, die damit entstehen, lassen die meisten Leserinnen und Leser sehr schnell den Text beiseitelegen. Der gleiche Neigungen verspürende, aber zum vollständigen Lesen verpflichtete Gutachtende fragt sich: ‚Weshalb diese Ausführungen? Worauf will die Autorin/der

Autor eigentlich hinaus?'. Entsprechend schlecht wird die Bewertung der Arbeit ausfallen.

Zu einer gelungenen wissenschaftlichen Arbeit gehört also zwingend, dass ihre Verfasserin oder ihr Verfasser von vornherein die – aus der Themenstellung abgeleiteten - Untersuchungsziele klärt und diese sodann auch im Text offenbart. Diese Ziele sind Maßstab und Leitlinie für den Aufbau, die Argumentations- und Beweisführung und die Selektion der aufzunehmenden Aussagen.

2. Behandlung der Fragestellung im Kernabschnitt

Die Ausführungen im Kernabschnitt der Arbeit sind **ausschließlich auf die Beantwortung der Fragestellung** bzw. die Bearbeitung der Problemstellung auszurichten. Diese Fragestellung ist in der Regel in Teilfragestellungen zu zerlegen, die in den einzelnen Kapiteln der Arbeit aufeinander aufbauend behandelt werden. Alle davon wegführenden Darlegungen sollte man vermeiden. Auch Aspekte, die an sich oder speziell für die Autorin/den Autor außerordentlich interessant erscheinen, eröffnen keine Ausnahme: was nicht für die Behandlung der Fragestellung relevant ist, gehört nicht in den Text der Arbeit.

Folglich zählt es zu den Unzulässigkeiten, das Eine oder Andere nur deshalb einzuflechten, „weil es sich bei dieser Gelegenheit gerade anbietet" oder „weil man das doch häufig so macht". Auch mit Ankündigungen wie „Noch mit erwähnt sei …" macht man sich der zumindest vorübergehenden ‚Themenflucht' verdächtig. Die **Prüffrage** muss jeweils lauten: **Handelt es sich um einen notwendigen Teilschritt in der Argumentations-/Beleg-/Beweiskette, die zur Beantwortung der zentralen Fragestellung dient?** Nur wenn die Antwort positiv ausfällt, darf man die entsprechenden Aussagen in den Text integrieren.

Zudem hat man die Fragestellung in der angekündigten Form **vollständig** zu behandeln. Man irrt, wenn man meint, die Sprachformel „Um die Arbeit nicht zu sprengen, …" biete ein Alibi dafür, bestimmte – unliebsame, schwierige oder aufgrund verfehlter Zeitplanung nicht mehr zu leistende – Themenaspekte einfach auslassen zu können, obwohl sie Teil der Fragestellung sind. Man darf folglich prinzipiell nicht davon ausgehen, Arbeitserleichterungen seien durch ‚Brücken' folgenden Typs möglich: „Wie leicht ersichtlich", „Wie nicht näher ausgeführt zu werden braucht, ergibt sich". Die **Argumentations-/Beleg-/Beweiskette** soll **lückenlos** sein.

Allerdings ist in diesem Zusammenhang auch darauf zu achten, dass für das jeweils zu demonstrierende wissenschaftliche Niveau ‚selbstverständlich vorauszusetzende' Elemente nur äußerst knapp präsentiert werden. So mögen z. B. Ausführungen, die Wissen aus den Pflichtmodulen der ersten vier Semester eines Bachelorstudiengangs ausbreiten, einer Seminararbeit im fünften oder sechsten Semester des Studiengangs noch angemessen sein, einer Masterarbeit aber würden sie schlecht anstehen.

Generell besteht hinsichtlich der ‚Behandlung der Fragestellung' schließlich der Anspruch, dass man die anstehenden Fragen in zweifacher Hinsicht in **richtiger Reihenfolge** aufnimmt:

▶   einerseits sind ‚Folgefragen' auch in entsprechender Reihenfolge aufzunehmen,

▶   andererseits ist darauf zu achten, dass eine Reihenfolge gefunden wird, die Wiederholungen möglichst weitgehend ausschließt.

3.   Darstellung der Ergebnisse im Schlussabschnitt

Der mit der Formulierung der Fragestellung begonnene ‚Kreis der Arbeit' ist mit dem Ausweis der erzielten Ergebnisse zu schließen. In den Ergebnissen sind deutlich erkennbar die neu erarbeiteten Antworten auf die gestellten Einzelfragen zu geben. Anzustreben ist vollkommene **Harmonie zwischen** den aus dem Thema abgeleiteten **Fragestellung(en) und** den im Schlussteil ausgewiesenen **Ergebnissen, die Antworten** zu diesen Fragestellungen **geben.** Leserinnen und Leser des Schlussteils sollten ein klares Bild gewinnen, ob und wo der zuvor schon vorhandene Forschungsstand durch neue Erkenntnisse erweitert oder vertieft werden konnte. Es sollten idealerweise weder Unterschüsse (Nichtbeantwortung von Fragen) noch Überschüsse (Antworten auf gar nicht gestellte Fragen) auftreten. Hat sich im Verlauf einer Arbeit gezeigt, dass bestimmte Teilfragestellungen noch nicht schlüssig beantwortet werden konnten, so sind die Gründe dafür offen zu legen und weiterer Forschungsbedarf abzuleiten.

III. Literaturbearbeitung und Zitierweise

a.   Kurzkennzeichnung

Jede wissenschaftliche Arbeit muss auf dem schon vorhandenen Stand der Forschung aufbauen, diesen zur Kenntnis nehmen und fremdes geistiges Eigentum korrekt unter Angabe der jeweiligen Quellen zitieren. Dies ergibt sich unmittelbar aus dem grundlegenden Ziel wissenschaftlicher Arbeiten, vertiefende Erkenntnisse zum Stand der Forschung zu erarbeiten. Dies ist nur möglich, wenn der schon erreichte Forschungsstand, der sich zentral in der vorhandenen Literatur niederschlägt, umfassend zur Kenntnis genommen wird. Daher muss eine wissenschaftliche Arbeit auf der schon vorhandenen Literatur aufbauen. Die Literaturbezüge sollten adäquat, kritisch und korrekt vollzogen sein und müssen über das Zitieren sauber dokumentiert werden.

Als Kurzformel lässt sich für diesen Grundanspruch an wissenschaftliche Arbeiten also ‚Adäquate Literaturauswahl, korrekte und kritische Literaturauswertung sowie adäquate und korrekte Zitierweise' formulieren.

b. Kommentierung

1. Literaturauswahl und -auswertung

aa. Adäquate Literaturauswahl

Adäquat ist die Literaturauswahl dann, wenn auch unter Berücksichtigung des jeweiligen Typs der wissenschaftlichen Arbeit (Seminararbeit, Bachelorarbeit, Masterarbeit, Diplomarbeit) die qualitativ angemessene Literatur in gebührendem Umfang (angemessene Anzahl von Titeln) herangezogen wird.

Zu 1.: Qualitativ angemessene Literatur

Generell, d. h. für alle wissenschaftlichen Arbeiten, ist zunächst zu beachten, dass die herangezogenen Quellen seriös im Sinne von ‚ernst zu nehmen, redlich, kompetent, verlässlich' sein müssen. Will man sich als Wissenschafts-Autor/-Autorin nicht von vornherein selbst disqualifizieren, sollte man in diesen Beziehungen zwischen verschiedenen Quellen durchaus unterscheiden.

Am Beispiel deutschsprachiger Tageszeitungen: Bestimmte Boulevardblätter gehören zweifelsfrei in die für wissenschaftliches Arbeiten ungeeignete Quellenkategorie, es sei denn, diese Medien sind selbst Gegenstand der Untersuchung.[1] Auf der anderen Seite gibt es zweifellos Tageszeitungen mit entsprechendem Qualitätsstandard.

Am Beispiel von Fachliteratur: Ein Teil der betriebswirtschaftlichen Praktikerliteratur (Zeitschriften und Bücher) erfüllt den vorauszusetzenden Standard nicht (und will ihn wohl auch gar nicht erfüllen), da diese Literatur auf Leserkreise zielt, die eher an plakativen Empfehlungen oder bloßen „Handlungsrezepten" interessiert sind. Jedoch sind Zitate dieser Quellen zulässig, wo sie nur darauf verweisen, dass bestimmte Probleme auch in der Praxis diskutiert werden, oder wo sie das Thema anhand von dort enthaltenen Beispielen illustrieren.

---

[1] So wäre die X-Zeitung als Boulevardzeitung selbstverständlich zitierbar, wenn das Thema lautet: ‚Das Unternehmerbild in der X-Zeitung'.

Zudem ist generell, d. h. ebenfalls für alle wissenschaftlichen Arbeiten, zu beachten, dass Quellen selbst dann für wissenschaftliche Arbeiten in qualitativer Hinsicht unangemessen erscheinen können, wenn es sich um seriöse Quellen handelt. Dies ist für Literatur zur generellen oder fachlichen Bildung der Allgemeinbevölkerung (z. B. allgemeine Lexika oder global einem bestimmten Gebiet gewidmete lexikalische Schriften) zumindest dann anzunehmen, wenn stattdessen auch fachspezifische Literatur verfügbar ist. Geht es also beispielsweise um die Kennzeichnung des Begriffes/der Erscheinungsform ‚Sales Promotions', so sollten die fachinternen Lexika und Handwörterbücher zum Marketing und zum Kommunikationsmanagement oder einschlägige Monografien zur Thematik konsultiert und ausgewiesen werden, nicht aber beispielsweise der ‚Brockhaus' oder ein Wikipedia-Artikel aus dem Internet.

Im Weiteren entscheidet dann der Typ der anzufertigenden wissenschaftlichen Arbeit darüber, ob herangezogene Literatur als ‚qualitativ angemessen' einzustufen ist. Empfindet man es in einer Seminararbeit noch als normal, dass auch typische Grundlagenliteratur (wie eine ‚Einführung in die Allgemeine Betriebswirtschaftslehre') das Quellenverzeichnis ziert, wird dies in der Regel bereits im Rahmen einer Masterarbeit als unangemessen erscheinen. Dort wäre jedoch – neben den umfangreich zu verwendenden wissenschaftlichen Texten – ggf. die Verwendung von anspruchsvollen Lehrbüchern für Fortgeschrittene akzeptabel.

Zu 2.: **Quantitativ angemessener Literaturrahmen**

Was in quantitativer Hinsicht als angemessene Literaturauswahl gilt, bestimmt sich einerseits an der Breite und Tiefe der Themenstellung, andererseits ebenfalls am Typ und Umfang der jeweiligen Arbeit und an dem für die Anfertigung eingeräumten Zeitrahmen. Die grundlegende Zielvorstellung ist, dass der Stand der bisherigen Forschung zum Thema umfassend aufgearbeitet und als Basis für die eigene Untersuchung verwendet wird. Die daraus resultierende Anforderung, die gesamte für das Thema wesentliche nationale und internationale Literatur (Bücher, Dissertationen, Beiträge in Fachzeitschriften und Sammelwerken) heranzuziehen, kann jedoch angesichts der Vielzahl verfügbarer Quellen in der Regel erst für umfangreichere wissenschaftliche Arbeiten erhoben werden, also für Diplomarbeiten und Masterarbeiten mit mindestens 6 Monaten Bearbeitungsdauer sowie für Dissertationen und Habilitationsschriften. In Seminar- und Bachelorarbeiten dürfen sich die Autorinnen und Autoren noch stärker auf einige für das jeweilige Thema zentrale Quellen konzentrieren.

Bei der Einschätzung, ob eine konkrete Anzahl von Titeln angemessen hoch oder zu niedrig ist, spielt zudem die Art des Themas eine Rolle. Liegt ein Thema zugrunde, das wegen seiner Aktualität und/oder Spezifität in der Literatur bislang nicht oder nur in geringem Maße bearbeitet wurde, oder gibt es nur einige wenige, dabei aber

sehr zentrale Quellen zu diesem Thema, liegt die Anzahl der sog. ,einschlägigen'
und damit zu berücksichtigenden Titel deutlich niedriger als bei einem von For-
schern seit langem bearbeiteten Thema. Dies ergibt sich unmittelbar daraus, dass der
bereits erreichte Forschungsstand als Ausgangsbasis verwendet werden soll: dieser
kann je nach Thema unterschiedlich ausfallen.

Nur die für die Themenbearbeitung tatsächlich herangezogenen und in der Arbeit
zitierten Quellen sind in das Literaturverzeichnis aufzunehmen.[2]

Häufig bleibt trotz der vorstehenden Hinweise Unsicherheit bei den Studierenden
darüber bestehen, welche Anzahl an Quellen im Literaturverzeichnis von den Gutachterinnen und Gutachtern als angemessen betrachtet wird. Diese Studierenden
können sich unter Beachtung der obigen inhaltlichen Aussagen ergänzend an folgender grober Daumenregel für Studienarbeiten orientieren:

Pro Textseite sollten mindestens 1 – 2 themenspezifische Quellen zitiert werden. Bei
kürzeren Arbeiten (z. B. Seminararbeiten von 15 Seiten) orientiere man sich eher an
der oberen Grenze (30 Quellen als angemessene Zahl), bei längeren Arbeiten (Masterarbeit von 60 Seiten) eher an der unteren Grenze (60 Quellen als angemessene
Zahl).

bb.   Korrekte und kritische Literaturauswertung

Der Anspruch ,korrekte und kritische Literaturauswertung' hängt zusammen mit
dem später zu erläuternden Anspruch ,korrekte Zitierweise'. Bei bestimmten Aspekten mag es letztlich ,Ansichtssache' sein, wo man sie einordnet.

Zur ,**korrekten** Literaturauswertung' seien hier gezählt:

▶ **Sorgsame** Spiegelung der Literatur in dem Sinne, dass Verfälschungen jeg-
licher Art unterbleiben. Es ist also jeweils äußerst gewissenhaft zu registrieren
und umzusetzen,
– was genau in der betreffenden Quelle steht,
– auf welcher Basis/in welchem Zusammenhang es dort steht und
– auf welchen Zeitpunkt/Zeitraum sich die Aussage bezieht.
Mit anderen Worten: Es darf Quellen nichts entnommen werden, was sie nicht
hergeben, und es darf nichts in sie hineingelegt werden, was sie nicht in sich
bergen!

---

[2]   Früher ging man bisweilen davon aus, dass im Text nicht direkt zitierte, aber zur generellen Orientierung verwendete Literatur ins Quellenverzeichnis aufgenommen werden müsse. Diese Ansicht
wird aber heute nur noch von einer Minderheit vertreten. Auf jeden Fall ist zu vermeiden, umfäng-
liche Literaturrecherchen einfach vorzutäuschen – auch das wäre nicht mit seriösem wissenschaftlichen Arbeiten vereinbar.

▶ **Faire** Spiegelung der Literatur in dem Sinne, dass jeweils nach neuesten Auflagen gearbeitet wird. Hat eine bestimmte Autorin oder ein bestimmter Autor z.
B. eine in der 1. Auflage seines Werkes publizierte Einschätzung/Erkenntnis in
seiner 2. überarbeiteten Auflage revidiert, so ist es in aller Regel unredlich, sich
weiter auf seine 1. Auflage zu beziehen. Eine Ausnahme von dieser Regel ist,
wenn die Weiterentwicklung der Argumentation im Zeitablauf Gegenstand der
Darstellung in der eigenen Arbeit ist, wie es z. B. in einer wirtschaftshistori-
schen Arbeit der Fall sein könnte.

▶ **Ungefilterte** Spiegelung der Literatur in dem Sinne, dass – soweit möglich und
zumutbar[3] – konsequent auf Primärquellen zurückgegangen und an ihnen gearbeitet wird. Der materielle Hintergrund dieses Anspruches liegt einerseits darin, dass ,nicht sorgsame' und/oder ,unfaire' Behandlungen der Primärquelle in
einer Sekundärquelle nicht durch wiederholte Verwendung der Sekundärquelle
weiter ausgebreitet werden sollen! Andererseits soll aber auch die Autorin oder
der Autor, denen ursprünglich das geistige Eigentum an einer Aussage zu-
kommt, zitiert werden, so dass die zitierten Gedanken und Ideen ihren jeweiligen Urheberinnen oder Urhebern möglichst korrekt zugeordnet werden.

,**Kritische Literaturauswertung**' fordert von den Studierenden – wie auch von
allen anderen wissenschaftlich arbeitenden Personen -, die Literatur nicht in treuher-
ziger Gläubigkeit oder schlichter Bequemlichkeit einfach wiederzugeben, sondern
sich mit ihr kritisch reflektierend auseinanderzusetzen. Nur weil etwas ,Schwarz auf
Weiß' gedruckt vorliegt, repräsentiert es nicht automatisch die unumstößliche
Wahrheit. Selbst renommierte Fachvertreterinnen und Fachvertreter sind nicht un-
fehlbar!

Wissenschaftliches Arbeiten zielt darauf ab, den Stand der Forschung zu verbessern.
Entsprechend heißt wissenschaftliches Arbeiten auch: Die Literatur, in der sich der
Stand der Forschung niederschlägt, immer wieder in Frage zu stellen, immer wieder
auf Schwachstellen und Lücken abzuklopfen, immer wieder auf Widersprüche hin
zu untersuchen! Über die kritische Auseinandersetzung mit der Literatur hat man u.
a. die Möglichkeit, die erwartete **eigenständige** Leistung zu erbringen.

Zur kritischen Literaturauswertung gehört auch, die verschiedenen Literaturtitel auf
Übereinstimmungen, voneinander abweichende Aussagen und Widersprüche hin
untereinander zu untersuchen, diese herauszuarbeiten und Stellung dazu zu beziehen.

---

[3]   Vgl. zu Ausnahmen den Abschnitt zu Sekundärbelegen in Block B.

Speziell bei empirischen Untersuchungen als Quellen ist zu fragen, ob

▶ die Methodik der jeweiligen empirischen Untersuchung und/oder
▶ die Interpretation der Untersuchungsergebnisse Anlass zu Beanstandungen gibt.

Die kritische Auseinandersetzung mit der Literatur sollte möglichst auf wesentliche und relevante Aspekte der Fragestellung konzentriert (d. h. keine bloße ‚Herumkrittelei' an Kleinigkeiten) und möglichst treffend (d. h. stichhaltig begründet) sein.

2. Zitierweise

aa. Adäquate Zitierweise

Unter adäquater Zitierweise wird hier verstanden, dass die vorgelegte Arbeit weder unter- noch überzitiert erscheint.

‚Unterzitiert' ist eine Arbeit dann, wenn sie mit einer quantitativ nicht angemessenen Literaturausschöpfung einhergeht (s. o.). Seltener steht ‚unterzitiert' als Kritikpunkt auch für das nicht korrekte Zitieren in Form der Nichtbefolgung von Zitierpflichten. Dieser Fall, der zugleich einen Verstoß gegen die Regeln guter wissenschaftlicher Praxis darstellt, wird im Folgepunkt bb. behandelt.

‚Überzitiert' kann als Kritikpunkt ebenfalls verschiedene Einwände gegen die Arbeit kennzeichnen, und zwar

(1) überhaupt unnötiges Zitieren
(2) unnötig häufiges oder unnötig umfangreiches wörtliches Zitieren
(3) ununterbrochenes oder fast durchgehendes Zitieren (Fall sog. ‚Kompilation').

Zu 1.:

Nicht zitierpflichtig ist generelles und fachliches Allgemeinwissen. Das hier einzuordnende Wissen hängt von dem wissenschaftlichen Qualifikationsstand ab, der mit der betreffenden Arbeit dokumentiert werden soll.

Empfindet die Gutachterin oder der Gutachter die Arbeit in diesem Sinne als überzitiert, so folgt daraus als Interpretationstendenz: die/der Studierende liegt hinter dem Wissensstand, der für sie/ihn selbstverständlich sein sollte.

Zu 2.:

Wenn Zitierpflichtigkeit vorliegt, so sollten die wörtlichen Zitate die Ausnahme, die sinngemäßen Zitate die Regel bilden; insbesondere sollten lange wörtliche Zitate vermieden werden. Wörtliche Zitate erscheinen grundsätzlich nur dann gerechtfertigt, ‚wenn es nicht anders geht', weil sonst zwangsläufig Sinnverluste oder Sinnänderungen eintreten würden.

Häufiges und langes wörtliches Zitieren provoziert jedenfalls bei Gutachterinnen und Gutachtern leicht den Eindruck, die/der Studierende flüchte sich aus Bequemlichkeit und/oder Unsicherheit in wörtliche Zitate und schreibe ihre/seine Arbeit aus fremden Quellen zusammen.

Zu 3.:

Besteht eine Arbeit nur oder fast nur aus einer Aneinanderreihung wörtlicher und sinngemäßer Zitate, so wird sie in der gutachterlichen Fachsprache als ‚Kompilation' bezeichnet. Kompilation ist ein Kürzel für das ‚unschöpferische bloße Übernehmen/Abschreiben' bzw. für die ‚durch Zusammentragen unverarbeiteten Stoffes zustande gekommene Schrift ohne eigenen wissenschaftlichen Wert'! Einer kompilativen Arbeit fehlt die für wissenschaftliches Arbeiten unabdingbare Eigenständigkeit völlig, da sie ja offensichtlich auch den Anspruch auf kritische Literaturauswertung weitgehend ignoriert.

bb.   Korrekte Zitierweise

Korrekte Zitierweise heißt strikte Einhaltung von Zitierregeln, die sicherstellen, dass die vorgelegte Arbeit durchgängig unmissverständlich dokumentiert, was

▸   an fremdem geistigem Eigentum, aus welcher Quelle, in welchem Umfang und in welcher Form (wörtlich, sinngemäß) übernommen wurde,

▸   an Eigenleistungen der/des Studierenden vorliegt.

Jede Verwendung von fremdem geistigem Eigentum ohne Kennzeichnung bzw. ohne Zitat stellt ein Plagiat dar. Plagiate sind ein schwerer Verstoß gegen die Regeln wissenschaftlichen Arbeitens und ziehen daher in aller Regel auch scharfe Sanktionen nach sich. In der Regel stellen Plagiate zudem auch prüfungsrechtlich relevante Täuschungsversuche dar.

Im Einzelnen eingegangen wird auf die Zitierregeln, die ja erst bei der Anfertigung der Arbeit konkret anzuwenden sind, im Block B dieser Schrift. Im Vorgriff darauf sei hier nur bereits eindringlich nahegelegt, von vornherein mit äußerster Sorgfalt zu registrieren, was von dem gesammelten Material aus welcher Fundstelle stammt und ob man bei Exzerpten wörtlich oder sinngemäß zitiert. Diese Angaben sind mit allen erforderlichen Daten festzuhalten. Das heißt bei

▸   Büchern: Autorin(nen) oder Autor(en) mit ausgeschriebenen Vornamen, Buchtitel, evtl. Auflagen, Verlagsort,[4] Verlagsjahr, Seite(n)

▸   Artikeln in Sammelwerken: Autorin(nen) oder Autor(en) des Artikels mit ausgeschriebenen Vornamen, Titel des Artikels, Herausgeberin oder Herausgeber

---

[4]   Teilweise (aber eher selten) wird vor der Angabe des Verlagsortes der Verlagsname erwartet.

des Sammelwerkes mit ausgeschriebenen Vornamen, Titel des Sammelwerkes, evtl. Auflage, Verlagsort,[5] Verlagsjahr, Seite(n)

▸ Artikeln in Zeitschriften/Zeitungen: Autorin(nen) oder Autor(en) des Artikels mit ausgeschriebenen Vornamen bzw. o. V. (= ohne Verfasserangabe), Titel des Artikels, Bezeichnung der Zeitschrift/Zeitung, Jahrgang/Jahr, Seite(n)

▸ Auskünften: Form der Auskunft (mündlich, telefonisch, schriftlich), Name und ausgeschriebene Vornamen sowie Titel, Position/Stellung der auskunftgebenden Person, ggf. Institution der auskunftgebenden Person, Datum der Auskunft.

▸ Arbeitspapieren, Geschäftsberichten, Gutachten, Prospekten, Stellungnahmen u. ä. m.: Autorin/Autor mit ausgeschriebenen Vornamen bzw. o. V. (= ohne Verfasserangabe) bzw. Institution, Titel der Publikation, Erscheinungsort, Jahrgang/Jahr, Seite(n).

▸ Gesetzen, Verordnungen: Name des Gesetzes/der Verordnung, Datum des Gesetzes/der Verordnung bzw. der jeweiligen Fassung, Name der Fundstelle (z. B. Bundesgesetzblatt), Erscheinungsjahr der Fundstelle, evtl. Band/Teil o. ä., Seite(n).

▸ Dokumente aus dem Internet: sofern vorhanden Name mit ausgeschriebenen Vornamen, Titel, Position, Institution der Autorin oder des Autors oder Institution, zu der die Internetseite gehört, URL der Internetseite, Datum des Abrufs. Bei Internetdokumenten muss eine Kopie des Dokumentes sicher abgelegt werden, da ein heute im Internet auffindbarer Inhalt vielleicht schon morgen abgeändert oder gar nicht mehr verfügbar ist.

IV. Gliederung

a.   Kurzkennzeichnung

Jeder wissenschaftlichen Arbeit ist eine mit Seitenzahlen versehene Gliederung voranzustellen, die der im Thema vorgegebenen Fragestellung inhaltlich angemessen ist. Die Gliederung muss die von der Autorin/vom Autor gewählte Vorgehensweise zur Beantwortung der Fragestellung widerspiegeln. Sowohl in ihren einzelnen Punkten und Überschriften als auch insgesamt soll sie klar, korrekt und eindeutig formuliert und themenbezogen aussagefähig sein. Zudem muss sie formal korrekt und in sich logisch sein.

---

[5]   Vgl. Fußnote 4.

b.   Kommentierung

1.   Formale Ansprüche

aa.   Konsequente Gliederungs-Klassifikation
Üblich ist in wissenschaftlichen Arbeiten entweder die Verwendung der rein nume-
rischen Klassifikation (auch als dekadische Klassifikation bezeichnet) oder der ge-
mischten Klassifikation in Form der alpha-numerischen Klassifikation (vgl. Abbildungen 2 und 3). Als weitere – zu den hier gezeigten Schreibweisen alternative -
Darstellungsform ist auch gebräuchlich, hinter der jeweils letzten Ziffer keinen
Punkt zu setzen.

Numerische Klassifikation (Beispiel):
```
1.  ...
    1.1. ...
         1.1.1. ...
         1.1.2. ...
    1.2. ...
2.  ...
```

Abbildung 2: Numerische Klassifikation

Alpha-numerische Klassifikation (Beispiel):
```
A. ...
    I.  ...
        a.  ...
            1.  ...
                aa.  ...
                     11. ...
                     22. ...
                bb. ...
            2.  ...
        b. ...
    II. ...
B. ...
```

Abbildung 3: Alpha-numerische Klassifikation

Wenn eine sehr tiefe Gliederung notwendig erscheint, können diesen Klassifikationen ,Teile', ,Kapitel' oder ,Abschnitte' vorgeschaltet werden. Es ergibt sich dann das in Abbildung 4 gezeigte Gliederungsbild.

Erweiterte alpha-numerische Klassifikation (Beispiel)
Erster Teil ...
    Erstes Kapitel
        Erster Abschnitt ...
           A.
             I.
               a.
               b.
             II.
           B.
        Zweiter Abschnitt
    Zweites Kapitel
Zweiter Teil ...

Abbildung 4: Erweiterte alpha-numerische Klassifikation

Die Klassifikationen sind im Wesentlichen völlig gleichwertig. Selbst bei Vorschaltung von Teilen, Kapiteln und Abschnitten kann jedoch die (rein) numerische Klassifikation bei umfangreichen Arbeiten auf eine so hohe Zahl von Stellen kommen, dass sie intransparent und unübersichtlich wird. In diesen Fällen ist es ratsam, die alpha-numerische Klassifikation, ggf. mit Vorschaltung von Kapiteln/Teilen oder Abschnitten, zu verwenden. Da Studienarbeiten aber in aller Regel einen derartigen Tiefegrad und Umfang nicht erreichen, liegt es (wenn entsprechende Vorgaben von Seiten der Gutachterinnen und Gutachter nicht entgegenstehen) im Belieben der Studierenden, welche Klassifikation sie wählen. Die gewählte Klassifikation ist dann allerdings strikt durchzuhalten!

bb.   Logik der Untergliederung
Die Logik fordert, dass bei Aufgliederung eines Oberpunktes (z. B. Aufgliederung
von I.) zumindest zwei Unterpunkte erscheinen (im Beispiel: auf a. hat zumindest b.
zu folgen). Im Falle von

    I.
          a.
    II.

liegt nämlich gar keine Aufteilung von I. vor. Die zur Unterteilung angekündigte
‚Themenmenge I.' ist mit der ‚Themenmenge a.' identisch; der Untergliederungs-
punkt ‚a.' wird nicht benötigt.

cc.   Vollständige Untergliederung
Wird die in einem bestimmten Gliederungspunkt zur Behandlung angekündigte
Themenmenge (durch Untergliederung in Untermengen) zerlegt, so ist diese Zerle-
gung über die Unterklassifikation vollständig zu erfassen.
In bildlicher Darstellung:

Darstellung I		Darstellung II	
a	b		a
c	d	b	c
RICHTIG		**FALSCH**	

Abbildung 5: (Un-)Vollständigkeit der Untergliederung

Die als Vierecksinhalt zu verstehende Thementeilmenge ist in der linken Darstellung
I vollständig klassifiziert und in die Untermengen a bis d eingeteilt, weist aber in der
rechten Darstellung II ein von der Klassifikation nicht erfasstes Feld in der linken
oberen Ecke auf.

Beispiel: Möchte man z. B. die Darstellung und Diskussion verschiedener Lohnformen nach den beiden Kriterien Gruppen- versus Individuallohn einerseits und fixe
versus variable Löhne andererseits untergliedern, so ergibt sich eine vollständige
Untergliederung wie folgt:

I.   Lohnformen
    a.   Fixe Individuallöhne
    b.   Fixe Gruppenlöhne
    c.   Variable Individuallöhne
    d.   Variable Gruppenlöhne
II.   ....
III.   ....

Falsch wäre es dagegen, ohne weitere Erläuterung nur zwei oder drei der Lohnformen a bis d in die Gliederung aufzunehmen, ohne die fehlende Lohnform anzusprechen.

Zwischen einem Oberpunkt und dem nachgeordnetem Unterpunkt dürfen **nur** die Untergliederung ankündigende bzw. diese erläuternde Texte auftreten.

Für das Beispiel zu den Lohnformen könnte ein Text, der die Untergliederung ankündigt, beispielsweise lauten:

I.   Lohnformen

Lohnformen lassen sich nach zwei Kriterien untergliedern: Erstens, ob sie sich auf die individuelle Ebene oder die Gruppenebene beziehen, und zweitens, ob sie im Zeitablauf fix oder variabel ausgestaltet sind. Es ergeben sich damit vier unterschiedliche Arten von Lohnformen.

a.   Fixe Individuallöhne
....

Zwischentexte mit eigenem Inhalt verbietet die Logik der Untergliederung!

dd.   Richtige Zuordnung von Ober- und Unterpunkten
Themenmengen, die auf derselben Stufe/demselben Gliederungsniveau ausgewiesen sind, dürfen zueinander nicht im Unterordnungsverhältnis stehen. Mit anderen Worten: Was einer Obermenge (z. B. der Menge I.) zuzuordnen ist, weil es eine Teilmenge dazu darstellt, darf nicht etwa (als Menge II.) der Obermenge (I.) in der Gliederung gleichgestellt werden.

Beispiel: Da die Kommunikationspolitik ein absatzpolitisches Instrument auf derselben Stufe wie die Produktpolitik, die Preispolitik und die Distributionspolitik darstellt, dürfte man also beispielsweise **nicht** gliedern

I.   Absatzpolitische Instrumente
     a.   Produktpolitik
     b.   Preispolitik
     c.   Distributionspolitik
II. Kommunikationspolitik
III. Finanzpolitische Instrumente

sondern hat die folgende korrekte Zuordnung der Abschnitte auf die Gliederungs-
ebenen zu wählen:

I.   Absatzpolitische Instrumente
     a.   Produktpolitik
     b.   Preispolitik
     c.   Distributionspolitik
     d.   Kommunikationspolitik
II. Finanzpolitische Instrumente

ee.   Kriterienreine Untergliederung
Werden bestimmte Themenmengen weiter untergliedert, so hat dies nach inhaltlich
zweckmäßig erscheinenden Kriterien zu geschehen. Dabei sind für den einzelnen
Untergliederungsfall jeweils konsistent die gleichen Kriterien zu verwenden; eine
unsystematische Vermischung von Gliederungskriterien für die einzelne Untergliederung darf also nicht vorkommen.

Soll beispielsweise das absatzpolitische Instrument ‚Produktpolitik' differenziert
werden, so können sich u. a. das Kriterium **‚Einsatzzeitpunkt im Produkt-Lebens-
zyklus'**

a.   Produktpolitik
     1.   Einführungsphase
     2.   Wachstumsphase
     3.   Reifephase
     4.   Sättigungsphase
     5.   Rückbildungsphase

oder das Kriterium ‚**Produkteigenschaften als Ansatzpunkte der Produktpolitik'**

a. Produktpolitik
 1. Politik hinsichtlich funktioneller Produkteigenschaften
 2. Politik hinsichtlich ästhetischer Produkteigenschaften
 3. Politik hinsichtlich sozialer Produkteigenschaften

anbieten. Unzulässig ist jedoch eine Vermischung dieser beiden Kriterien etwa in Form von

a. Produktpolitik
 1. Produktpolitik in der Einführungsphase
 2. Ästhetische Produktpolitik
 3. Funktionelle Produktpolitik in der Sättigungsphase

ff.   Angemessene Gliederungstiefe
Die Aufgliederung des Textes einer wissenschaftlichen Arbeit soll deren **Verständlichkeit** fördern, nicht aber Argumentations-, Beleg- und Beweisketten zerreißen und letztlich in für sich zu kleine (weil keine oder kaum noch Zusammenhänge repräsentierende) Teilstücke zerlegen. Gedanklich eng zusammengehörige Teile sollten nicht durch den Wechsel zwischen Gliederungspunkten unterbrochen werden, damit weder der Gedankenfluss der Autorin oder des Autors noch der Verständnisfluss der Leserinnen und Leser unterbrochen werden.

Es ist also ein **Mindesttextumfang** pro Gliederungspunkt zu veranschlagen, der sich aus dem Argumentationsaufbau ergibt, aber als Faustregel bei Seminar- und Bachelorarbeiten ca. eine halbe Seite nicht unterschreiten sollte.

Um andererseits den ‚Verständlichkeitsanspruch' nicht zu belasten, sollten als **Obergrenze** bei kurzen Studienarbeiten wie Seminar- und Bachelorarbeiten in der Regel vier Textseiten pro Gliederungspunkt nicht überschritten werden, bei Diplom- und Masterarbeiten dürfen es bei guter Strukturierung des Textes innerhalb der Gliederungspunkte auch mehr sein.

2. Inhaltliche Ansprüche

aa. Verständlichkeit und Aussagekraft der Formulierung einzelner Gliederungspunkte

Jeder einzelne Gliederungspunkt ist als Überschrift so zu formulieren, dass er

(1) inhaltlich schnell erfassbar/verstehbar
(2) inhaltlich aussagefähig

ist.

Zu (1):

Um schnelle Erfassbarkeit zu begünstigen, hat die Formulierung eines jeden Gliederungspunktes so kurz zu sein, wie es im Hinblick auf den Aspekt (2) möglich ist. Auf keinen Fall sind ganze Sätze, eventuell noch mit Nebensätzen, auszubilden. Vielmehr ist in den Überschriften (und nur dort!) konsequent die ‚**substantivierte Ausdrucksweise**‘ zu verwenden. Das heißt, in Gliederungsüberschriften sollte nicht formuliert werden,

‚Änderungen, die im Verhalten von Arbeitnehmern eintreten, wenn deren Qualifikation zunimmt‘,

sondern z. B.

‚Änderungen des Arbeitnehmerverhaltens bei steigender Qualifikation‘

Zur Vermeidung von Missverständnissen sei darauf hingewiesen, dass die substantivierte Ausdrucksweise ausdrücklich nur für die Gliederung und die in ihr enthaltenen Überschriften zu empfehlen ist – im Text dagegen führt sie in aller Regel zu schwer lesbaren, sperrigen Satzungetümen und damit zu einem schlechten Schreibstil.

Zu (2):

Die Formulierung jedes Gliederungspunktes soll kompakt ausfallen und dabei über den Inhalt der unter diesem Gliederungspunkt im Textteil gebotenen Ausführungen möglichst vollständig informieren. Von daher ist es also **unstatthaft**, sich bei einer Gliederungsüberschrift z. B. **nur** auf die Angabe

‚**Zweites Kapitel**‘

oder auf

‚**Zweites Kapitel: Hauptteil**‘

zu beschränken.

Die zweite Formulierung ist zwar länger, informiert aber ebenfalls nicht über die dort konkret gebotenen Inhalte.

bb. Verständlichkeit und Aussagekraft der Gliederung insgesamt
Nach dem Thema ist die Gliederung in aller Regel das Erste, dem sich die Leserin oder der Leser zuwendet. Wer nicht als Gutachterin oder Gutachter gezwungen ist, die gesamte Arbeit zu lesen, will aus der Gliederung zumindest Hinweise dafür bekommen, ob und inwieweit sich ein partielles oder totales Lesen der Arbeit lohnt. Die Gliederung soll in ihrer Gesamtheit eine **Erstinformation** über Inhalt und Aufbau der Arbeit vermitteln. Auch von diesem Anspruch her sollte eine Gliederung nicht so tief gehen, dass sie unübersichtlich und damit hinsichtlich ihrer Kerninhalte schwer erfassbar wird.[6]

Im Weiteren ist hinsichtlich der Gliederung darauf zu achten, dass sie einen auf das Thema bezogenen Spiegel der Gedankenfolge(n) in der Arbeit bietet. Die im Einzelnen zur Behandlung des Themas vollzogenen Schritte sollen sich der Leserin oder dem Leser aus der Gliederung offenbaren. Der berühmte ‚**rote Faden**' sollte bereits aus der Gliederung erkennbar sein.

V. Definitionen, Prämissen, Untersuchungsdesigns

a. Kurzkennzeichnung

In jeder wissenschaftlichen Arbeit ist von der Autorin oder dem Autor durchgehend offenzulegen, von welchen Begriffsinhalten und Prämissen sie oder er jeweils ausgeht. Bei Bezugnahme auf Beobachtungen, Befragungen und/oder Experimente sind die Erhebungs- und Auswertungskonzeption der betreffenden empirischen Untersuchungen mitzuteilen (Untersuchungsdesign). Dieses hat klar und vollständig zu geschehen, muss in der präsentierten Form eingehalten werden und ist bei Bezügen auf Literatur mit abweichenden Definitionen, Prämissen und/oder Untersuchungsdesigns zu berücksichtigen.

---

[6] Ist bei hoher Seitenzahl einer Arbeit eine entsprechend tiefe Gliederung unvermeidbar, so kann und pflegt man sich damit zu helfen, dass man zunächst eine Übersichtsgliederung (beschränkt auf in der Regel drei Klassifikationsstellen) und darauf die entsprechende Tiefgliederung anbietet. Selbst bei Diplom- und Masterarbeiten wird dieser Fall allerdings kaum auftreten; relevant scheint dieser Hinweis in erster Linie für Dissertationen und andere umfangreiche Arbeiten.

Zu definieren sind alle Begriffe, die hinsichtlich ihres Inhaltes in der jeweiligen Wissenschaftsdisziplin (noch) nicht als allgemein vereinbart gelten können. Für die sog. ‚thementragenden' – d. h. als zentrale Bestandteile des Themas oder einer durchlaufend verwendeten Theorie erscheinenden – Begriffe ist dies von vornherein problemstellungsadäquat (in den Grundlagen der Arbeit) zu vollziehen. Begriffe, die erst im weiteren Verlauf der Arbeit relevant werden, sind jeweils ‚vor Ort' zu definieren.

b. Kommentierung

1. Definitionen

aa. Definitionsklarheit und Definitionskonstanz
Definitionen sind nicht falsch oder richtig, sondern einem Untersuchungsziel angemessen oder nicht angemessen. Ein und die gleiche Definition kann für die eine Untersuchung sinnvoll sein, für die andere dagegen nicht. Begriffe sind inhaltlich so weit oder eng (merkmalsreich oder –arm) zu besetzen, wie es für das jeweilige Untersuchungsziel zweckmäßig ist (problemstellungsadäquate Definition). Es besteht also nicht nur die Freiheit, sondern die Notwendigkeit, gemäß der anstehenden Fragestellung zu definieren.

Jede Definition muss hinsichtlich ihrer einzelnen Bestandteile (Einzelmerkmale des anstehenden Begriffs) und hinsichtlich der Verbindung/des Bezuges aller Bestandteile unmissverständlich sein.

An vollzogene Definitionen ist man gebunden. **Definitionen sind** im weiteren Verlauf der Argumentation **konsequent durchzuhalten**.

bb. Definitionen und Literaturbezüge
Verschiedene Autorinnen und Autoren verfolgen unterschiedliche Untersuchungsziele. Daher werden oft (und unvermeidlich) in verschiedenen Quellen auch unterschiedliche Begriffsbestimmungen verwendet. Darauf ist bei der Literaturauswertung sorgfältig zu achten:

▶ angebliche Widersprüche zur Literatur/innerhalb der Literatur erklären sich eventuell ganz schlicht daraus, dass von unterschiedlichen Begriffsinhalten ausgegangen wurde,

▶ bestimmte Literaturquellen dürfen entweder überhaupt nicht oder nur unter Einfügung entsprechender Hinweise ‚zu Zeugen berufen' werden, wenn ihnen andere Begriffsverständnisse zugrunde liegen.

2. Prämissen

aa. Prämissenklarheit und Prämissenänderungen

Theorien und Modellbildungen sind übliche Instrumente wissenschaftlichen Arbeitens. Sie repräsentieren Vereinfachungen/Abstraktionen der Realität und sind häufig deshalb unverzichtbar, weil die Realität (zunächst oder auch nachhaltig) zu komplex erscheint, um sie (bereits) erfassen zu können.

Zu theoretischen Aussagen oder zu einem Modell gelangt man auch über die Setzung vereinfachender Annahmen, die als Prämissen bezeichnet werden. Die in bestimmter Form und Anzahl getroffenen Annahmen bilden den Prämissensatz eines Modells oder einer Theorie. Über diesen Prämissensatz ist jeweils klar und vollständig zu informieren. Jede einzelne Prämisse ist unmissverständlich auszuformulieren; es sollte keine „impliziten Prämissen" geben. Im weiteren Verlauf der Argumentation ist darauf zu achten, dass die Prämissen auch tatsächlich durchgehalten und nicht etwa stillschweigend variiert werden.

Explizite Prämissenvariationen dagegen können und sollten sich möglichst in einer wissenschaftlichen Arbeit vollziehen. Denn sie führen prinzipiell zu einer qualitativen Aufwertung der Arbeit, da

▶ Prämissen-Modifikationen bedeuten, dass sich die Analyse nicht nur auf eine Situation, sondern auf verschiedene Situationen bezieht,
▶ Prämissenaufhebung die Aufhebung von Vereinfachungen bedeutet.

Jede **Prämissenänderung** oder die Aufgabe einzelner Prämissen **bedeutet eine Modelländerung oder eine Veränderung der Theorie**. Diese hat man daher stets explizit anzuzeigen.

bb. Prämissen und Literaturbezüge

Die Anmerkungen zu ‚Definitionen und Literaturbezüge' gelten sinngemäß auch für ‚Prämissen und Literaturbezüge'.

Analysen in verschiedenen Quellen gehen häufig von verschiedenen Prämissen aus. Dies bedeutet generell, dass darauf bei den Literaturbezügen hinzuweisen ist. Es kann speziell für angebliche Widersprüche zur Literatur/innerhalb der Literatur bedeuten, dass gar keine Widersprüche vorliegen, die unterschiedlichen Aussagen sich vielmehr einfach aus unterschiedlichen Prämissen erklären.

3.   Design empirischer Untersuchungen

aa.   Klarheit und Vollständigkeit im Untersuchungsdesign

Wird für die jeweilige Arbeit eine eigene empirische Untersuchung durchgeführt und ausgewertet, sind im Text klare und vollständige Informationen darüber unabdingbar, wie diese Untersuchung (z. B. Beobachtung, Befragung, Experiment) angelegt und durchgeführt wurde **(Erhebungsdesign)**. Ohne diese Informationen ist die Einschätzung/Beurteilung der jeweiligen Untersuchungen und ihrer Ergebnisse nicht oder nicht umfassend möglich. Zu den erforderlichen Angaben gehören:

▸   Grundgesamtheit und Art der Probandenauswahl (z. B. Zufallsauswahl aus Telefonbuch)

▸   Zahl und Struktur der ausgewählten und der teilnehmenden Probandinnen und Probanden (u. a. können relevant sein: geographische Verteilung, Geschlechter-, Alters-, Bildungs-, Berufs-, Einkommensverteilung)

▸   Art und Inhalt der Untersuchungen (z. B. vollstrukturierte mündliche Einzelinterviews → vollständige Offenlegung des Interviewleitfadens , ggf. auch des Interviewtextes im Anhang der Arbeit)

▸   Durchführungsort der Untersuchungen (z. B. in der Wohnung der Probandin oder des Probanden)

▸   Zeitpunkt/Zeitraum der Untersuchungen

▸   Anzahl/Abfolge der Untersuchungen (Retests und/oder Paralleltests?)

Dabei hat man zu begründen, weshalb man die Untersuchungsmethodik gewählt hat und ob bzw. warum diese materiell gültige (= valide) Ergebnisse erwarten lässt.

Schließlich ist über die Auswertungsmethodik, d. h. über die verwendeten Methoden zur Datenverdichtung und Datenanalyse zu informieren **(Auswertungsdesign)**. Aus den entsprechenden Angaben lässt sich schließen, ob (für das jeweilige Datenmaterial) zulässige Operationen vollzogen und damit seriöse Interpretationsgrundlagen gelegt wurden.

Diese Hinweise gelten analog auch für die Darstellung und Diskussion der empirischen Ergebnisse, die andere Autorinnen und Autoren erzielt haben, wenn man sich in der eigenen Arbeit auf diese Ergebnisse ausführlich bezieht. Auch dann sollten Leserinnen und Leser über die oben genannten Punkte der jeweiligen empirischen Untersuchung informiert werden, bevor man die Ergebnisse zur Stützung der eigenen Argumentation heranzieht oder die Aussagekraft der jeweiligen Ergebnisse diskutiert.

Jede Art der Manipulation von Daten, sei es die nachträgliche Änderung von Datensätzen, der unbegründete Ausschluss von Datensätzen aus der Analyse oder das Erfinden neuer Datensätze, ist selbstverständlich zu unterlassen. Solche und verwandte Aktivitäten gehören in den Bereich des wissenschaftlichen Fehlverhaltens und widersprechen klar den Grundsätzen guter wissenschaftlicher Praxis. Auch die Unterdrückung nicht hypothesenentsprechender oder nicht erwarteter Ergebnisse gehört zu den Praktiken, die nicht wissenschaftskonform sind, da man auch aus der Widerlegung von Hypothesen etwas lernen und somit wissenschaftlichen Fortschritt erzielen kann.

bb.   Untersuchungsdesigns und Literaturbezüge
Bei der Verarbeitung/beim Vergleich verschiedener empirischer Untersuchungen ist auf deren Gemeinsamkeiten und Unterschiede in der Anlage und Durchführung zu achten und ihre Gültigkeit zu beurteilen. Auch hier gilt, dass voneinander abweichende oder sogar widersprüchliche Aussagen potentiell aus unterschiedlichen Untersuchungs- und Auswertungsdesigns resultieren können. Untersuchungsergebnisse können sich aus vielen verschiedenen Gründen als partiell ungeeignete oder gar völlig unbrauchbare Quellen erweisen, z. B. weil sie aufgrund

▶   ihrer Probandinnen-/Probandenerfassung für die vorliegende Fragestellung keine Schlüsse zulassen (z. B. von vornherein zu geringe Probandinnen-/Probandenzahl, zu geringe Rücklaufquote)
▶   ihrer methodischen Anlage nicht zu treffenden Schlüssen kommen (z. B. Untersuchung ungeeigneter Probandinnen oder Probanden, Untersuchung/Auswertung mit ungeeigneten/unzulässigen Methoden)
▶   ihres Untersuchungszeitpunktes/-zeitraumes als veraltet und damit überholt gelten müssen.

Solche Aspekte sind bei der Würdigung der Befunde dieser empirischen Untersuchungen ggf. zu diskutieren.

VI. Stil und Sprachregeln

a.   Kurzkennzeichnung

Eine Arbeit, die wissenschaftlichen Ansprüchen genügt, muss aus klaren Gedanken in logischer Abfolge bestehen. Aus den Formulierungen muss die Art der Aussage[7]

---

[7]   Wissenschaftstheoretisch unterscheidet man z. B. zwischen logischen, empirischen, normativen und meta-physischen Aussagen. Die Gruppe der empirischen Aussagen kann weiter unterteilt werden in deskriptive, explikative und technologische Aussagen. Vgl. hierzu ausführlicher Martin Kornmeier, Wissenschaftstheorie und wissenschaftliches Arbeiten. Eine Einführung für Wirtschaftswissen-

klar erkennbar sein. **Gedanken und Gedankenfolgen** können bei der Leserin oder beim Leser bzw. bei der Gutachterin oder dem Gutachter nur dann ‚klar' ankommen, wenn sie in **eindeutig verständliche, aussagefähige Worte, Sätze und Satzfolgen** gefasst sind.

Die Suche nach dem treffenden Wort und das Feilen an den Formulierungen sind folglich keine kosmetischen Randaktivitäten. Sie stellen im Gegenteil einen wichtigen Teilschritt der wissenschaftlichen Arbeit dar, da sie darauf zielen, Argumente und Aussagen klar, unmissverständlich und prägnant hervortreten zu lassen. Die Kunst des wissenschaftlichen Arbeitens besteht somit nicht allein darin, zu klaren Gedanken und folgerichtigem Denken fähig zu sein. Vielmehr gehört dazu auch die Fertigkeit, die jeweiligen Einzelgedanken und Gedankenketten den Leserinnen und Lesern und Gutachterinnen und Gutachtern klar und verständlich übermitteln zu können. Stilformen, die der Realisierung dieses Grundanspruches entgegenstehen, sind strikt zu vermeiden.

Auch Stilformen, die auf Leserinnen und Leser irritierend wirken können, sind zu meiden. Denn jede Irritation bedeutet Ablenkung und Wahrnehmungsbeeinflussung. Ablenkungen erschweren das Verstehen des Inhaltes der wissenschaftlichen Arbeit, und Wahrnehmungsbeeinflussung kann sich als ungünstige Einfärbung des Grundeindruckes von der wissenschaftlichen Arbeit äußern. Diese Negativeinfärbung (als Erscheinungsform des Irradiationsphänomens[8]) wirkt sich im Extrem so aus, dass von einem Stil, der nicht den Usancen einer Wissenschaftsdisziplin entspricht, insgesamt auf Unwissenschaftlichkeit der entsprechend abgefassten Arbeit geschlossen wird.

Schließlich ist die Einhaltung des Regelwerkes der verwendeten Sprache hinsichtlich Rechtschreibung, Zeichensetzung und Grammatik anzumahnen.

Zum einen kann die Nichteinhaltung dieser Regeln unmittelbar mit zu den Begutachtungskriterien gehören. Davon ist in jedem Fall bei geisteswissenschaftlichen Arbeiten auszugehen.

Zum anderen können zumindest wiederholte Regelverstöße bei Leserinnen und Lesern auch Irritationen im zuvor erläuterten Sinne auslösen. In diesem Fall, und wenn aus falscher Zeichensetzung und/oder grammatikalischen Fehlern inhaltliche

---

schaftler; Heidelberg 2007; sowie W. Nienhüser/M. Magnus (2003): Die wissenschaftliche Bearbeitung personalwirtschaftlicher Problemstellungen: Eine Einführung. Essener Beiträge zur Personalforschung, Nr. 2/2003, Fachbereich Wirtschaftswissenschaften Universität Duisburg-Essen, Essen 2003.

[8] Irradiationsphänomen bezeichnet die Ausstrahlung von einem Wahrnehmungselement auf andere Elemente, im Sinne von positiver oder negativer Einfärbung der Wahrnehmung anderer Elemente.

Verfälschungen resultieren, ist indirekt mit Auswirkungen auf die Bewertung der Arbeit zu rechnen.

b. Kommentierung

Hier soll keine umfassende Einführung in die allgemeine Stilkunde geboten werden.[9] Ziel ist, über häufig auftretende, den Wert wissenschaftlicher Arbeiten mindernde Stilmängel kurz zu informieren und damit gegen diese Mängel zu sensibilisieren.

Die ‚Sprachregeln' benötigen hier keine Kommentierung, weil dazu aussagekräftige Nachschlagewerke[10] existieren.

1. Wortwahl/Ausdrucksweise

aa.   Worte als Spiegel von Gedanken

Die gewählten Worte müssen den Inhalt der Gedanken so vollkommen spiegeln, wie dieses sprachlich erreichbar ist. Die Bedeutung der **Worte** muss also inhaltlich möglichst **identisch zu den Gedankeninhalten** sein: Sowohl Unterschussbedeutungen (die Worte sagen zu wenig aus) als auch Überschussbedeutungen (die Worte sagen zu viel aus) sind zu minimieren.

Die Suche nach den treffenden Worten, das Abwägen von Worten, das Verbinden von Worten, das Prägen von neuen Worten oder Wortverbindungen soll möglichst in Volltreffern der Art enden, dass die Autorin/der Autor ihre/seine Gedanken als vollkommen gespiegelt empfindet.

Dabei ist jeweils zu bedenken, ob dieses dann auch für die Leserinnen und Leser der Arbeit angenommen werden kann. Zu fragen ist folglich: Kann und wird sich das Eigenempfinden mit dem Empfinden anderer Personen decken, oder muss man das Gedankengut eventuell in andere/zusätzliche Worte kleiden, damit sie es übereinstimmend verstehen können? Bei derartigem Bemühen hat sich die Suche durchgehend auf Worte/Ausdrucksweisen folgenden Typs zu konzentrieren:

---

9   Dazu kann auf einschlägige Schriften zurückgegriffen werden. Besonders empfohlen sei Ludwig Reiners, Stilfibel: Der sichere Weg zum guten Deutsch; 4. Aufl. in neuer Rechtschreibung, München, 2013 sowie als spezieller Lehrtext für Ökonomen: Erwin Dichtl, Deutsch für Ökonomen: Lehrbeispiele für Sprachbeflissene, München 1996.

10 Hingewiesen sei auf die jeweils letzten Auflagen von: DUDEN-Rechtschreibung, DUDEN-Grammatik.

▶   eindeutig verständlich (versus mehrdeutig/missverständlich)
▶   prägnant (versus unscharf/unklar)
▶   inhaltlich aussagefähig (versus inhaltsleer/nichtssagend).

bb.   Wissenschaftsadäquate Ausdrucksweise

Das Wort und die Ausdrucksweise haben in wissenschaftlichen Texten keine eigenständige Aufgabe, sondern eine dienende Funktion. Sie sollen nicht von Gedanken und Gedankengängen ablenken (z. B. in Form von bloßen Wortspielereien oder emotionsgeladenen Ausdrucksweisen), sondern diese so direkt und klar wie möglich mitteilen. Das heißt, weder eine poetische Ausdrucksweise noch ein boulevardjournalistischer, affektierter, gespreizter, gewundener, salbungsvoller oder schwülstiger Stil sind angemessen, sondern nur eine **sachlich klare Sprache**. Dies braucht und sollte allerdings nicht langweilige und ermüdend-eintönige Ausdrucksweise bedeuten. Sprachlicher Variantenreichtum ist häufig nicht nur unabdingbare Voraussetzung für die treffende Umsetzung differenzierter Einzelgedanken und Gedankengänge. Eine anschauliche, ausdrucksvolle, plastische Sprache erweist sich häufig auch als ein geeignetes Mittel, um Leserinnen und Lesern das Verstehen zu erleichtern und die Lesemotivation aufrechtzuerhalten.

Dazu können in Einzelfällen auch **umgangssprachliche Wörter und Wendungen** dienen. Generell aber sind die Umgangssprache und der an der Umgangssprache orientierte journalistische Stil wissenschaftlichem Arbeiten nicht angemessen. Denn sie stehen häufig für unreflektiertes Daherreden, können partiell mehr von Gefühlen als vom Denken beherrscht sein, zielen teilweise auf bloßes Gefallen oder auch Manipulieren und neigen damit zu Unschärfen, Übertreibungen, Simplifizierungen sowie anderen ‚Unwissenschaftlichkeiten‘.

Das umgangssprachliche Daherreden führt nicht selten auch zu so wenig pfleglichem Umgang mit Wörtern, dass es zu Ausdrucksweisen kommt, die in einer vorgeblich wissenschaftlichen Arbeit schlichtweg peinlich wirken.

Als Beispiele seien nur genannt:

▶   die ‚optimalere Situation‘, zu der dann noch die ‚optimalste Lösung‘ folgt[11]
▶   die Verwechslungen von ‚der/die/dasselbe‘ (= Identität) mit ‚der/die/das gleiche‘ (= Ähnlichkeit)
▶   der falsche Gebrauch von ‚scheinbar‘ (= in Wirklichkeit nicht vorhanden, nur dem Scheine nach) und ‚anscheinend‘ (= augenscheinlich, offenbar)

---

[11]   Da ‚optimal‘ bereits die höchste Steigerungsform (Superlativ) ausdrückt, ist eine weitere Steigerung ausgeschlossen.

▶ die ‚vorprogrammierte' Konsequenz[12]
▶ die ‚Zukunftsprognose', zu der mancher dann auch noch Methoden zu kennen
  vorgibt, die ‚sichere Zukunftsprognosen' erlauben[13].

Auf jeden Fall zu vermeiden sind auch die in der Umgangssprache beliebten/häufig
vorkommenden

▶ Füllwörter wie JA, NUN, … (also nicht: ‚Wie ja nun ersichtlich …', sondern
  schlicht: ‚Wie ersichtlich …')
▶ Rückversicherungs-Wörter wie IRGENDWIE, GEWISSERMASSEN, WOHL,
  AN UND FÜR SICH
▶ Argumentationsersatz-Wörter wie NATÜRLICH, SELBSTVERSTÄNDLICH
▶ übertreibenden Ausdrucksweisen wie UNGLAUBLICH hohe Kosten, HIM-
  MELSCHREIEND schlechte Verhältnisse, IMMENSE Steigerung, ENORME
  Einsparung
▶ pleonastischen Ausdrucksweisen[14] wie ‚SICH EINANDER GEGENSEITIG
  ausschließend …', ‚Die Entscheidung ist WIEDER VON NEUEM …'
▶ tautologischen Ausdrucksweisen[15] wie EINZIG UND ALLEIN, NIE UND
  NIMMER, IMMER UND EWIG.

Reichhaltige Verwendung möglichst seltener und damit weitgehend unbekannter
Fremdwörter wird nicht selten als untrügliches Zeichen von ‚Wissenschaftlichkeit'
empfunden. Das ist ein Irrtum! Jede Wissenschaftsdisziplin hat zwar ihre Fachter-
minologie entwickelt, sich also ihre eigenen Begriffe und Kürzel für fachspezifische
Erscheinungsformen und Sichtweisen geschaffen. Die Verwendung dieser Fachter-
mini ist schon zur Textkompression und damit zur Raum- und Zeitersparnis vernünftig und deshalb angezeigt. Eine künstliche, weil überzogene Anhäufung von
Fremdwörtern in Texten provoziert aber eher Skepsis bei fachkundigen Leserinnen
und Lesern, als dass sie positiv beeindruckt. Jedenfalls werden Trivialitäten und
Gehaltlosigkeiten verbrämt mit Fremdwörtern auch nicht wissenschaftlich wert-
voll.[16]

---

[12] Die Vorsilbe ‚pro' bedeutet bereits ‚vor'.

[13] Da jede Prognose nur auf die Zukunft gerichtet sein kann und die Zukunft in jedem Fall unaufheb-
      bar unsicher ist, sind sichere Prognosen logischerweise unmöglich.

[14] Pleonasmus bezeichnet die überflüssige Häufung sinngleicher oder sinnähnlicher Ausdrücke.

[15] Tautologie bezeichnet im hiesigen Zusammenhang den Gebrauch von zwei synonymen Wörtern in
      einer Wortgruppe.

[16] So mag es zwar erkenntnisschwer klingen, wenn formuliert wird: Das olfaktorische Potential finan-
      zieller Ressourcen stagniert permanent auf Zero-Niveau! Die damit verbrämte Aussage ‚Geld stinkt
      nicht' birgt aber keinesfalls eine neue Erkenntnis.

Wird ein derartiges Vortäuschen von Wissenschaftlichkeit offengelegt, wofür eine große Wahrscheinlichkeit anzunehmen ist, so erscheint die Autorin oder der Autor zumindest als Blender, wenn nicht gar als Scharlatan. Das heißt, es kommt zu Qualifizierungen, die für eine Autorin oder einen Autor mit wissenschaftlichen Ambitionen vernichtend sind.

Grundsätzlich ist damit zu raten: Fremdwörter in dem Maße verwenden, wie dieses notwendig erscheint, und sich dabei sorgfältig hinsichtlich des Bedeutungsgehaltes der einzelnen Fremdwörter vergewissern. Denn mit fehlerhaften Verwendungen oder Verwechslungen disqualifiziert man sich.

Ein erfahrungsgemäß häufig auftretender Fehler bei der Wortwahl ist es, nicht klar zwischen normativen (bewertenden, empfehlenden) und deskriptiven (erklärenden, beschreibenden) Formulierungen zu unterscheiden. Die beiden unterschiedlichen Ebenen der Aussage sollten sowohl inhaltlich als auch sprachlich klar voneinander getrennt werden. Verwiesen sei in diesem Zusammenhang auch auf die Aussagen zu Werturteilen im weiteren Verlauf dieses Textes (vgl. Abschnitt VI zur Eigenständigkeit).

cc.   Sprachusancen
Unüblich ist es in wissenschaftlichen Arbeiten, in der ‚Ich-Form' oder in der ‚Wir-Form' zu schreiben. Dies gilt für die ‚Wir-Form' auch im Fall eines Teams von Verfasserinnen und Verfassern.

Erklären lässt sich diese Gepflogenheit daraus, dass erstens der Sachaspekt gegenüber dem persönlichen Aspekt überwiegen soll, und dass zweitens seriöses wissenschaftliches Arbeiten stets forderte, verwendetes fremdes geistiges Eigentum lückenlos über die entsprechende Zitierweise anzuzeigen. Daraus lässt sich ableiten: Alle Passagen einer wissenschaftlichen Arbeit, die mehr als Allgemeinwissen präsentieren, aber keinen Zitiervermerk tragen, sind Eigenleistungen der Autorin oder des Autors bzw. der Autorengemeinschaft. Die eigenständige sprachliche Annonce für diese Passagen ist überflüssig. Sie kann sogar irritieren, weil sie aufdringlich wirkt und/oder zu anderen negativen Assoziationen führt. Diese anderen Negativassoziationen erklären sich z. B. aus dem Vergleich folgender Alternativen:

(1) „Nach meiner ganz persönlichen Einschätzung ist daraus zu folgern, dass …".
(2) „Daraus ist zu folgern, dass …".
Das Formulierungsmuster (2) wird eher zu Assoziationen wie ‚allgemeingültig/bindend' und hinsichtlich der Autorin oder des Autors eher zu der Assoziation ‚überzeugt/sicher' führen als das Muster (1). Denn im Muster (1) ist sprachlich ein Maß an Rückversicherung angelegt, das geradeheraus zum Zweifeln provozieren kann. Schließlich wird damit signalisiert, dass es sich bei der betreffenden Folgerung

lediglich um eine ‚ganz persönliche Einschätzung' handelt, nicht aber um eine nach
wissenschaftlichen Regeln abgeleitete Schlussfolgerung mit einem gewissen Grad
an Verbindlichkeit.

Weitere Sprachusancen sind zwar speziellerer Art, können einer Arbeit aber durchaus in stärkerer Form das (Vor-) Urteil ‚unwissenschaftlich' eintragen.

Dazu gehören

(1) Divergenzen im Sprachgebrauch von Wissenschaft und Praxis
(2) Divergenzen im Sprachgebrauch verschiedener Wissenschaftsdisziplinen aufgrund unterschiedlicher ideologischer und/oder methodischer Ausrichtung.

Zu 1:

Es soll hier nicht der frühere Hinweis erneut kommentiert werden, dass die Umgangssprache und der umgangssprachlich orientierte journalistische Stil grundsätzlich nicht den Ansprüchen wissenschaftlicher Ausdrucksweise entsprechen. Vielmehr richtet sich der Hinweis darauf, dass bestimmte Termini in der Sprache der
Wissenschaft deshalb verpönt sind, weil sie als unsinnig gelten.

So sind fast alle Wirtschaftswissenschaftlerinnen und Wirtschaftswissenschaftler
zumindest irritiert, wenn ihnen der Terminus ‚**Un**kosten' begegnet, gar mancher
reagiert ‚säuerlich', wenn etwas ‚**ver**bucht' wird[17] oder Begriffe wie Ertrag oder
Gewinn in umgangssprachlicher Bedeutung als Synonyme, nicht aber in ihrer fach-
sprachlichen Bedeutung verwendet werden.

Zu 2:

Das verbindende Kennzeichen der zu Kategorie (2) gehörigen Fälle ist, dass sich
eine bestimmte Wissenschaftsdisziplin ideologisch und/oder methodisch (und damit
eventuell auch hinsichtlich ihres Erkenntniszieles) speziell definiert hat und als Folge davon ihre eigene Terminologie verwendet.

Während sich z. B. Gutachterinnen und Gutachter aus der Soziologie an Ausdrücken
wie ‚prekäre' Arbeit oder ‚kapitalistisches' System häufig nicht reiben, werden diese
von Gutachterinnen und Gutachtern aus der Betriebswirtschaftslehre teilweise als
plakativ, unsachlich oder (zu) stark wertend empfunden. Jedoch gibt es solche Fälle

---

[17] Diese Irritationen resultieren daraus, dass üblicherweise die Vorsilbe ‚UN' mit ‚NICHT' (entsprechend unschön, ungerade, Undank) und die Vorsilbe ‚VER' mit ‚FALSCH' (entsprechend verhe-
ben, verhören, verlaufen) identifiziert wird. Zwar sind die sprachlichen Gleichsetzungen in dieser
Form nicht zwingend, dies ändert aber nichts an ihrer irritierenden Wirkung auf die Leserinnen und
Leser/ Gutachterinnen und Gutachter, die auf dieses Sprachverständnis programmiert sind. Vgl.
auch J. Altmann, Begriffsverwirrungen in der Ökonomie, Von Konjunktur und Unkosten, in: Das
Wirtschaftsstudium, Jg. 1991, S. 701–706.

unterschiedlicher Wissenschaftsdefinitionen nicht nur zwischen den großen Fächern, sondern auch innerhalb einzelner Fächer. Zur Illustration seien nur zwei unterschiedliche methodische Strömungen in der Betriebswirtschaftslehre angesprochen, nämlich die quantitativ ausgerichtete und die verhaltensorientierte Betriebswirtschaftslehre. Die quantitative Betriebswirtin/der quantitative Betriebswirt akzeptiert als wissenschaftlich eventuell nur Modelloperationen, die mit mathematischen Beweisen hinterlegt sind. Die verhaltensorientierte Betriebswirtin/der verhaltensorientierte Betriebswirt dagegen ist es gewohnt, keine Beweise in naturwissenschaftlicher Form liefern zu können, sich vielmehr mit Argumenten und empirischen Befunden zufrieden geben zu müssen.

Es soll damit keinesfalls behauptet werden, dass die Vertreter(innen) beider Richtungen sich gegenseitig durchgehend ‚Unwissenschaftlichkeit' vorwerfen. Viele Fachvertreterinnen und Fachvertreter sind gar nicht einseitig exponiert. Es erscheint aber der taktische Hinweis angebracht, dass sich Studierende darüber klar werden sollten, von wem und auf dem Hintergrund welcher Wissenschaftstradition die jeweilige Arbeit nach Abgabe bewertet wird.

2.   Satzbildung

aa.   Klarheit

Das Bemühen um klare, inhaltlich treffend-aussagefähige Worte und Ausdrucksweisen hat sich in der Satzbildung fortzusetzen.

Generelle Voraussetzung für die Erfüllung des Anspruches auf Klarheit ist, die einzelnen **Sätze** eher **kurz** zu **halten** als lang auszulegen.

Manche Verfasserin und mancher Verfasser hat bei seinen verschachtelten Bandwurmsätzen schon selbst den Über- und Durchblick verloren.[18] Damit ist dann sicher, dass Leserinnen und Leser bei diesen Sätzen ebenfalls keine Verständnischance haben. Selbst wenn Bandwurmsätze grammatikalisch und logisch in Ordnung sind, so erschweren sie doch den Lesenden die Aufnahme der formulierten Gedanken und unterbrechen ihren Verständnisfluss. Die Verständnisstörung kann sogar nachhaltig sein, wenn keine Bereitschaft zu wiederholtem Lesen besteht oder auch wiederholtes Lesen nicht zum Verstehen führt.

---

[18]   So im folgenden Beispiel: „Als Verfahren zur Lösung der optimalen Verteilung des Werbebudgets auf Werbeträger wird die Lineare Programmierung vorgeschlagen, mit deren Hilfe es möglich ist, das begrenzte Werbebudget so aufzuteilen, dass unter Berücksichtigung verschiedener Nebenbedingungen eine Zielbedingung, so z. B. eine optimale Werbewirkung, maximiert oder aber minimiert, in Bezug auf ein geringes Werbebudget, minimiert wird".

Das Streben in Richtung auf kurze Sätze sollte allerdings auch nicht überzogen werden. Konsequente Verkürzung der Sätze bis zum grammatikalisch zulässigen Maß führt zu völligem Verzicht auf Nebensätze, d. h. zum Hauptsatzstil. Diese auch als Asthmastil bezeichnete Stilvariante wirkt schnell eintönig. Während dieser Stil also einerseits das Verständnis erleichtert, so wirkt er andererseits ermüdend. Er birgt damit die Gefahr, dass selbst interessante Gedanken(gänge) fade und langweilig erscheinen und dass Leserinnen und Leser von daher unaufmerksam werden.

Auf die **substantivische Ausdrucksweise** wurde oben schon verwiesen: Während sie für die Überschriften in den Gliederungspunkten geeignet sein kann, führt sie im Text in der Regel zu sperrigen, schwer lesbaren Sätzen, insbesondere wenn sie mit dem Zusammenziehen mehrerer Substantive zu einer Wortkonstruktion verbunden wird:

▶ Das Wortungetüm ‚anspruchsvolle Humankapitalinvestitionsrechnungskontrolle‘ wird besser in seine Einzelbestandteile zerlegt: Die anspruchsvolle Kontrolle solcher Investitionsrechnungen, die sich auf Humankapital beziehen, ... Oder – je nach beabsichtigter Aussage: die Kontrolle solcher anspruchsvoller Investitionsrechnungen, die sich auf Humankapital beziehen ...

Satzklarheit bedingt zudem, dass im jeweiligen Satz alle **Bezüge eindeutig und korrekt** sind. Die substantivische Ausdrucksweise erhöht das Risiko, dass **falsche sprachliche Bezüge** gesetzt werden, weil die Autorin oder der Autor selbst den Überblick über ihre/seine Satzkonstruktion verloren hat. Einige Beispiele für solche falschen sprachlichen Bezüge mögen dies illustrieren:

▶ ‚Die Quote der Betriebsräte in den Betrieben ist gestiegen‘. Gemeint war: Die Quote der Betriebe, in denen ein Betriebsrat existiert, ist gestiegen. Die Substantive sind falsch aufeinander bezogen.

▶ ‚Die Führungskraft führt regelmäßig Mitarbeitergespräche. Er gibt seinen Mitarbeiterinnen und Mitarbeitern darin Feedback.‘ Zwar sind in der Praxis noch immer viele Führungskräfte männlichen Geschlechts, aber der sprachlich korrekte Bezug auf ‚die Führungskraft‘ lautet ‚sie‘.

▶ Im Text steht ‚Die humankapitalspezifische Investitionsrechnungskontrolle ...‘ – während eigentlich die Kontrolle von Investitionsrechnungen, die sich auf spezifisches Humankapital beziehen, gemeint ist. Adjektiv und Substantiv werden falsch aufeinander bezogen.

▶ Die Autorin oder der Autor schreibt ‚Die nachhaltige Bildungsbedarfsanalyse ...‘ – obwohl das Thema eigentlich nicht die nachhaltigen Analysen, sondern die Analyse nachhaltiger Bildungsbedarfe sind. Auch hier werden Adjektiv und Substantiv falsch aufeinander bezogen.

bb.   Substanz

Jeder einzelne Satz muss inhaltlich etwas aussagen. **Substanzlose Sätze sind über-flüssige Sätze.** Es ist also darauf zu achten, dass keine Sätze des folgenden Typs verwendet werden:

▶ Wenn der Hahn kräht auf dem Mist, ändert sich das Wetter oder es bleibt so, wie es ist!

Zumindest sehr in der Nähe des obigen Satztyps liegen diese ‚Blüten':

▶ „Die Kontrolle des Absatzweges ist nur begrenzt möglich."[19]

▶ „Als Beurteilung der Methode ergibt sich, dass sie eine genaue Prognose nicht ermöglicht."[20]

cc.   Logik

Formulierte Sätze sind auf ihre **innere Logik** zu überprüfen. Diesbezügliche Fehler gehören in der Regel zu einer der folgenden Kategorien:

▶ **Widersprüche** (z. B.: „Die Konsequenzen sind zwar zeitunabhängig, können sich kurz- und langfristig aber doch voneinander unterscheiden.")

▶ **Scheinkausalitäten** (z. B.: „Weil es sich um ein taktisches Ziel handelt, ist auch keine Operationalität gegeben."[21])

▶ **Kriterienwechsel bei Gliederung** (z. B.: „Entweder die Sonne scheint oder sie scheint nicht, oder es herrscht Nebel.")

3.   Satzfolge

Die aufeinanderfolgenden Sätze sollen den **Ablauf des Gedankenganges** wiederge-ben. Also müssen diese Sätze erkennbar aufeinander aufbauen. Verstöße gegen diese Grundregel provozieren Unterbrechungen im Verständnisfluss.

Es ist jeweils strikt darauf zu achten, dass die Verbindungen zwischen den einzelnen Sätzen die Folgerungen aus den einzelnen Gedanken sprachlich korrekt darstellen. Beginnt ein Folgesatz z. B. mit ‚EBENSO' oder ‚GENAUSO', zeigt er inhaltlich dann jedoch höchstens einen Ähnlichkeitsfall, so handelt es sich zumindest um eine sprachliche Schludrigkeit, die die Leserin oder den Leser und die Gutachterin oder

---

[19]   Gibt es überhaupt eine Kontrolle, die unbegrenzt möglich ist? Nach der Vorstellung Einsteins sind nur zwei Dinge unendlich: Das Universum und die menschliche Dummheit. Allerdings soll Einstein dazu weiter erklärt haben: „Bei dem Universum bin ich mir noch nicht ganz sicher!"

[20]   Keine Methode ermöglicht eine genaue Prognose, da jede Prognose in die Zukunft geht und die Zukunft in jedem Fall unaufhebbar unsicher ist.

[21]   Ein taktisches Ziel ist ein zeitlich kurz ausgreifendes Ziel, ein operationales Ziel ist ein messbares und damit kontrollierbares Ziel. Ein Kausalitätszusammenhang existiert nicht, da aus der Kurz-fristigkeit weder automatisch Messbarkeit noch Nicht-Messbarkeit folgt.

den Gutachter zu irritieren vermag. Als allgemeiner Anspruch ist ‚**Widerspruchs-freiheit'** zwischen den einzelnen Sätzen zu erfüllen. Die einzelnen Sätze müssen sich zueinander konsistent zeigen.

Um **inhaltliche Substanz** zu erreichen, ist auch darauf zu achten, dass ein begonnener Gedanke inhaltlich tatsächlich ausgeführt wird.

Enden ‚Gedankengänge' wie in den folgenden beiden Beispielen, so kann von inhaltlicher Vollendung sicher keine Rede sein:

(1) „… Ziel muss also sein, sich schnell einen großen Nachfragerkreis zu schaffen. Dieses ist durch **geschickte** (Hervorhebung A. B.) Werbung möglich."

(2) „… Für erwerbswirtschaftliche Unternehmen reicht es nicht, allein auf die Kosten zu achten. Vielmehr sind **vernünftige** (Hervorhebung A. B.) Ertrags-Kosten-Relationen anzustreben."

Wenn schon mit Wörtern wie ‚geschickt' und ‚vernünftig' gearbeitet wird, die in diesen Zusammenhängen lediglich diffus eine Verhaltensrichtung andeuten, so muss mindestens ein Satz folgen. Dieser hat zu erklären, was unter ‚**geschickter'** Werbung bzw. unter ‚**vernünftigen'** Ertrags-Kosten-Relationen zu verstehen ist.

In diesem Zusammenhang sei auch daran erinnert, dass ein Satz mit Bestandteilen wie ‚GENERELL/IM ALLGEMEINEN/IN DER REGEL' zumindest einen Nebensatz oder Folgesatz fordert. In dem Neben- oder Folgesatz sind die offen gelassenen Ausnahmen unter Angabe ihrer Gründe anzugeben.

Es ist auch ein Fall des inhaltlich unvollendeten Gedankens/Gedankenganges, wenn es z.B. heißt:

„Ökologisch unbedenklichere Produkte haben zum Teil bisher nur enge Märkte. Als Haupthindernis ihrer stärkeren Marktdiffusion erscheinen ihre (gegenüber herkömmlichen Produkten) höheren Preise."

Brechen die Ausführungen damit ab, so bleibt zumindest offen

▸ welcher Teil der ökologisch unbedenklicheren Produkte bislang nur enge Märkte aufweist

▸ welche weiteren Hinderungsgründe neben dem Preis wirken.

Um das Verstehen von **Gedanken** zu erleichtern, sind diese entsprechend dem Grade ihres Zusammenhanges zu **gruppieren**. Dazu dient übergeordnet die Gliederung der Arbeit, innerhalb der einzelnen Gliederungspunkte übernimmt diese Funktion die **Abschnittbildung**. Das Ende eines Gedankenschrittes und der Beginn der folgenden Sequenz sollten sich also in der Strukturierung der Satzfolgen durch Abschnitte spiegeln.

Schließlich ist darauf hinzuweisen, dass die Textstrukturierung über ausgewiesene Gliederungspunkte nicht zu Schreibvereinfachungen folgender Art führen darf:

(1) Falsch:
    „… Dies bedingt zunächst eine Klärung der
    II. OPERATIONALISIERUNGS-KRITERIEN …"

    Korrekt: …
    Dies bedingt zunächst eine Klärung der Operationalisierungs-Kriterien.
    II. OPERATIONALISIERUNGS-KRITERIEN

(2) Falsch:
    „I: DAS AKZEPTANZMODELL
    hat den Vorteil, dass es …"

    Korrekt: z. B.:
    I. DAS AKZEPTANZMODELL
    Der Vorteil des Akzeptanzmodells liegt darin, dass …

VII. Eigenständigkeit: Erkenntnisfortschritt und/oder Originalität

a. Kurzkennzeichnung

Wissenschaftlicher Wert ist einer Arbeit nur dann zuzuerkennen, wenn sie als **eigenständige Leistung** erscheint. Die Eigenständigkeit kann darin begründet sein, dass die Arbeit Erkenntnisfortschritt vermittelt und/oder Originalität in der Dokumentation und Aufbereitung vorliegender Erkenntnisse zeigt. Es versteht sich von selbst, dass jede Arbeit, die nicht oder partiell nicht selbst erstellt wurde, keine eigenständige Leistung darstellen kann. Jede Form der Inanspruchnahme von Ghostwritern, der nicht-gekennzeichneten Übernahme von Texten, die andere Personen erstellt haben, oder ähnliche Täuschungen stellen gravierendes wissenschaftliches Fehlverhalten dar. Die Regeln guter wissenschaftlicher Praxis sind auch in dieser Hinsicht vollständig einzuhalten (vgl. Abb. 47 in Teil C dieser Schrift).

b. Kommentierung

Erkenntnisfortschritt vollzieht sich eher selten in genialen Großsprüngen. In aller Regel ist es das geduldige und damit häufig zeitraubende Erarbeiten kleiner Schritte, aus dem Fortschritt entsteht.

Für ein Arbeiten an der Grenze zum Fortschritt sind bei den Verfasserinnen und Verfassern von Seminar-und Bachelorarbeiten zum einen erst Anfangsqualifikationen anzunehmen, zum anderen pflegen diese Arbeiten unter strikten Zeitlimits zu stehen und schon von daher schlechte Voraussetzungen für großformatigen Erkenntnisfortschritt zu bieten.

Die Verfasserinnen und Verfasser von Master- und Diplomarbeiten sollten aber in jedem Fall um Eigenleistungen auch in dieser Richtung bemüht sein und sich mit eigenen Ideen vorwagen.

Dies kann damit beginnen, dass man in die Fragestellung auch Themenaspekte einbezieht, die in der Literatur bislang ignoriert, nur gestreift oder nur generell behandelt wurden. Daraus können Beiträge oder erste Ansätze zur Schließung von Erkenntnislücken resultieren.

Hinweise auf Erkenntnislücken, auf Widersprüche in Erkenntnissen, auf zweifelhafte Grundlagen von Erkenntnissen oder zweifelhafte Verknüpfungen von Einzelerkenntnissen können sich aus der Literaturbearbeitung ergeben.

Voraussetzung für das Erkennen dieser Ansatzmöglichkeiten ist, dass man der Argumentation in der Literatur nicht leichtgläubig folgt, sondern die **kritische Auseinandersetzung mit den Texten** sucht. Nur so besteht die Chance, zu eigenständigen Beurteilungen vorliegender Erkenntnisse und zu eigenständigen Folgerungen aus existenten Erkenntnissen zu kommen. Nähere Hinweise dazu wurden bereits im Rahmen der Ausführungen zur Literaturbearbeitung und zu Untersuchungsdesigns gegeben.

Originalität in der Dokumentation und Aufbereitung vorliegender Erkenntnisse kann sich unter anderem in folgenden Formen zeigen:

▸ Eigenständigkeit im Konzept der Problembearbeitung (literaturabgehobener Gang der Untersuchung mit entsprechend eigener Gliederung)

▸ Eigenständigkeit in der Darstellung/Illustration und in der Verdichtung und Verknüpfung vorliegender Erkenntnisse (u. a. eigene Berechnungen, eigene Tabellen, eigene Grafiken und Schaubilder, eigene Illustrationsbeispiele)

▸ Eigenständigkeit in den Texten bei Wiedergabe/Kommentierung vorliegender Erkenntnisse (u. a. treffende, adäquat selektive und differenzierte, knappe, prägnante Spiegelung vorliegender Erkenntnisse in eigenen Worten).

Originalität kann sich zudem in der Definition von Begriffen ausdrücken. Allerdings sollte dies nicht ‚krampfhaft' geschehen. Enthält die Literatur eine dem abgegrenzten Untersuchungszweck angemessene Begriffsauffassung, so spricht nichts gegen deren (korrekt zitierte) Übernahme.

Möglichst völlig frei sein sollte die abgelieferte Arbeit allerdings von ‚Originalitäten' in Form eigener Rechtschreibung, Grammatik und Zeichensetzung! Ebenfalls unerwünschte ‚Originalitäten' bilden bloße Behauptungen, reine Mutmaßungen und Spekulationen. Auch auf reine Glaubensbekenntnisse und nicht argumentativ gestützte Meinungsbekundungen ist in wissenschaftlichen Arbeiten zu verzichten, weil sie sich nicht überprüfen und damit nicht widerlegen (nicht falsifizieren) lassen.

Hypothesen sind dagegen willkommen, wenn sie als solche deklariert werden und sich als

▶   informativ (i. S. v. empirisch gehaltvoll)
▶   überprüfbar
formuliert erweisen.

Wenn unter Hypothesen begründete Vermutungen über Zusammenhänge verstanden werden,[22] ist ihre Formulierung zwingend um Angaben über ihren Hintergrund (ihre Begründung) zu ergänzen.[23]

Mit steigendem Informationsgehalt einer Hypothese wird ihre Überprüfung prinzipiell schwieriger. Voraussetzung überhaupt möglicher Prüfung ist die präzise (und damit die intersubjektive Eindeutigkeit sichernde) Formulierung der Hypothese.[24]

Originalität kann in Bezug auf Hypothesen zum einen durch Generieren von eigenen Hypothesen und deren Überprüfung demonstriert werden. Das Generieren umfasst dabei – entsprechend dem Definitionsmuster ‚Hypothese = begründete Vermutung' – die möglichst überzeugende, zumindest plausible Begründung der jeweiligen Hypothese. Zum anderen kann sich Originalität in der (weiteren) Überprüfung von und/oder Kritik an Hypothesen äußern, die in der Literatur vorliegen.

So lässt sich kritisch fragen:

▶   Wie gut ist die Hypothese begründet?
▶   Welchen quantitativen und qualitativen Gehalt zeigt die Hypothese?
▶   Wie ist die Prüfbarkeit der Hypothese einzuschätzen?
      –   Sind Prüfvorschläge formuliert?
      –   Erscheint eine Überprüfung in der angegebenen Form möglich?

---

[22]   Typischerweise als ‚Wenn-dann-Sätze' oder ‚Je-desto-Sätze' formuliert.
[23]   Dies hebt sie von den bloßen Behauptungen, reinen Mutmaßungen usw. ab.
[24]   Teilweise wird auch ‚logisch fehlerlos' als eigene Anforderung aufgeführt. Logische Fehlerlosigkeit lässt sich aber als Bestandteil von ‚informativ' und ‚überprüfbar' interpretieren.

- Erscheint eine Überprüfung überhaupt möglich und gegebenenfalls in welcher Form?
▶ Wurde die Hypothese bereits überprüft?
- In welcher Form und mit welchem Ergebnis?
- Ist das ausgewiesene Prüfergebnis korrekt?[25]

Gesondert eingegangen sei im Weiteren auf häufig wiederkehrende Missverständnisse in Bezug auf **Werturteile** (Normativismus) in wissenschaftlichen Arbeiten.

Dazu erscheint die von H. Albert[26] vorgeschlagene Differenzierung in drei Komplexe hilfreich:

(1) Wertbasis
(2) Werte als Objektbereich
(3) Wertungen im Aussagenbereich.

Wertungen im Komplex ‚(1)' sind unvermeidbar, da es eine ‚voraussetzungslose Wissenschaft' nicht geben kann: Jedes wissenschaftliche Arbeiten gründet sich z. B. auf bestimmte Definitionen, die das Ergebnis von Auswahlentscheidungen der Wissenschaftlerinnen und Wissenschaftler sind. Zu den im Basisbereich einer Wissenschaft unausweichlichen ‚Werturteilen' gehören auch Entscheidungen über die Auswahl von zu behandelnden Problemen, die Brauchbarkeit von Hypothesen sowie die Relevanz von Beobachtungen für bestimmte Probleme. So unvermeidlich diese ‚Wertungen' im wissenschaftlichen Metabereich sind, so unproblematisch erscheinen sie, wenn die jeweilige Wertbasis offengelegt wird und ihrerseits unbewertet bleibt. Wohl kann und sollte mitgeteilt werden, warum man eine bestimmte Wertbasis wählt. Nichtbewertung bedingt aber, dass für die mitgeteilte und erklärte Wertbasis nicht etwa objektive Höherwertigkeit gegenüber anderen Wertbasen reklamiert wird. Dies wäre eine Wertung im Aussagenbereich [→ Komplex (3)].

Der Komplex ‚(2)' betrifft „die Frage, inwieweit … Wissenschaften Wertungen irgendwelcher Art zum <u>Gegenstand</u> (Unterstreichung: A. B./D. A.) ihrer Aussagen machen müssen"[27]: Die Wirtschaftswissenschaften z. B. haben sich in erheblichem Maße mit Werten und Bewertungen zu befassen, da diese entsprechend umfänglich

---

25 Während sich Existenzhypothesen verifizieren oder falsifizieren lassen, gilt für Gesetzeshypothesen (Allaussagen), dass ihre Verifizierung nicht möglich ist. Das Prüfergebnis für Gesetzeshypothesen kann demgemäß nur sein: Zurückweisung (= Falsifizierung) der Hypothese oder vorläufige Bestätigung (= Bewährung) der Hypothese.

26 Vgl. H. Albert, Wertfreiheit als methodisches Prinzip: Zur Frage der Notwendigkeit einer normativen Sozialwissenschaft. In: Logik der Sozialwissenschaften, hrsg. v. E. Topitsch, 12. Aufl., Frankfurt am Main, 1993, S. 204

27 H. Albert, a. a. O., S. 204.

und gewichtig zu ihrem Gegenstandsbereich gehören (u. a. Arbeitsbewertungen, Bilanzwerte, gegenwärtiges und künftiges Werteverhalten von Staaten, Unternehmern und Konsumenten).

Solange man dabei allerdings Werte lediglich beschreibt und erklärt oder Wertentwicklungen prognostiziert, erscheint auch dieses unproblematisch. In die eigentliche Werteproblematik und damit in den Komplex ‚(3)' kommt man erst, wenn man von den bloßen Deskriptionen, Explikationen und/oder Prognosen abrückt, indem man sie wertend (z. B. als gut oder schlecht, wünschenswert oder nicht wünschenswert) kommentiert.

Es ist bereits angeklungen, wie der Komplex (3) zu verstehen ist und weshalb in dieser Beziehung vielfach[28] Werturteilsfreiheit der Wissenschaft gefordert wird: Der Komplex (3) repräsentiert Aussagen, die vorgeben, wahr zu sein, ohne dass dies objektiv überprüfbar und damit falsifizierbar ist.

Wird z. B. formuliert,

▶   Steuersystem X sei ungerecht
▶   Entlohnungsform Y sei unsozial
▶   hedonistisches Konsumverhalten sei schlecht
▶   das Anstreben des Zieles ‚Gewinnmaximierung' sei gesellschaftlich unverantwortlich,

so mögen dies alles höchst ehrenwerte subjektive Überzeugungen bestimmter Personen sein, nicht aber Aussagen, die namens der Wirtschaftswissenschaften oder einer ihrer Teildisziplinen als objektive Erkenntnis reklamiert werden können.

Das Akzeptieren und Befolgen von Werturteilsfreiheit im Aussagenbereich bedeutet jedoch nicht, dass positive oder negative Einstufungen und damit Wertungen bestimmter Erscheinungen ausgeschlossen würden, wie sie aus der Zugrundelegung eines bestimmten normativen Prinzips zu folgern wären. Solange eine wertende Stellungnahme zum betrachteten normativen Prinzip selbst unterbleibt und lediglich logisch korrekte Schlüsse für den Fall abgeleitet werden, in dem das betreffende normative Prinzip den angenommenen Maßstab bildet, ergehen eindeutig keine normativen Aussagen. Die Deskription einer Norm und ihre Einführung in das Basissystem (Komplex 1) sind so lange eindeutig von den ‚eigentlichen Werturteilen' (Komplex 3) abgehoben, wie die Einführung in das Basissystem rein informativ und damit ohne wertende Kommentierung erfolgt.

---

[28]   Es besteht allerdings keine allgemeine Einigkeit darüber (vgl. z. B. mit dortigen Literaturhinweisen: H. Albert, a.a. O., S. 196–225).
Insofern auch hier als taktischer Hinweis: Eine Kandidatin/ein Kandidat sollte sich darüber im Klaren sein, für wen sie/er die jeweilige Arbeit schreibt.

In Bezug auf eines der vorhergehenden Beispiele gilt entsprechend: Wenn ein bestimmter Gerechtigkeitsmaßstab angenommen und mitgeteilt wird, so lassen sich Steuersysteme daraufhin analysieren, ob und inwieweit sie dem betr. Gerechtigkeitsmaßstab entsprechen. Ob die betreffende Analyse logisch korrekt vollzogen wurde, lässt sich nachprüfen und gegebenenfalls bestätigen. Es ist dies dann jedoch keine absolute Einstufung des betreffenden Steuersystems als ,gerecht', sondern eine relative in dem Sinne, dass auf Basis einer bestimmten Grundannahme (des betreffenden Maßstabes für Gerechtigkeit) Gerechtigkeit bestätigt wird.[29]

Abschließend sei dazu auf Möglichkeiten zur Demonstration von Originalität verwiesen:

▶ Eigentliche Werturteile (Komplex 3) sind nach herrschender Auffassung strikt zu vermeiden; hier also sollte man sich aller Versuche, ,Originalität' zu erreichen, enthalten.

▶ In der Formulierung der Wertbasis (Komplex 1) kann Eigenständigkeit bis zu tatsächlicher Originalität möglich sein, z. B. durch die bereits erwähnten Möglichkeiten zu eigenen Definitionen, eigenen Abgrenzungen, eigenen Hypothesen.

▶ Auch im Gegenstandsbereich (Komplex 2) ist grundsätzlich Eigenständigkeit bis zur Originalität erreichbar, indem man z. B. Werteveränderungen als Objekt beschreibt und erklärt.

▶ Die Komplexe (1) und (2) können eventuell auch kombinativ genutzt werden. So könnte sich der Beschreibung und Erklärung von Wertewandlungen bei Konsumenten eine Analyse von Folgerungen anschließen (auf Basis einer bestimmten angenommenen Grundposition in Form einer in dieser Beziehung noch nicht untersuchten Kombination von Unternehmensteilzielen).

---

[29] Dies liegt auf einer Ebene mit dem Fall, dass zunächst ein bestimmter Wirtschaftlichkeitsmaßstab definiert wurde, um anschließend z. B. bestimmte Produktionsverfahren vergleichend hinsichtlich ihrer (zurückliegenden oder voraussichtlichen) Wirtschaftlichkeit zu bewerten.

B. Der Entstehungsprozess einer wissenschaftlichen Arbeit

I. Erste Vorbereitungen

Studierende können auch schon vor Beginn der „eigentlichen wissenschaftlichen Arbeit an ihrem Thema" einiges dafür tun, um auf den gesamten Prozess gut vorbereitet zu sein. Durch gute Vorbereitung kann die für die wissenschaftliche Arbeit zur Verfügung stehende Zeitspanne, die durch die Prüfungsordnungen recht strikt begrenzt zu sein pflegt, deutlich entlastet werden.

Im Verlauf des Studiums sollten die Studierenden in der Regel mindestens schon ansatzweise abstrakt gelernt haben, wie sich wissenschaftliches Wissen und Arbeiten und alltägliches, praktisches, aber auch schulisches Wissen und Arbeiten unterscheiden. Jedoch haben gerade Bachelorstudierende, die ihre erste wissenschaftliche Seminararbeit schreiben, dieses abstrakte Wissen vielleicht noch nie selbst umgesetzt. Es kann daher hilfreich sein, sich zentrale Aussagen hierzu noch einmal abstrakt zu vergegenwärtigen, bevor man sich – z.B. mit Hilfe dieses Buches - konkret an die Erstellung der ersten wissenschaftlichen Arbeit heranwagt. Einführungstexte zur Wissenschaftstheorie bieten häufig eine gute Übersicht über die grundlegenden Zusammenhänge an und eignen sich zur komprimierten Wiederholung zentraler Aussagen. Zudem enthalten die - an vielen Hochschulen für Studierende und Prüfende ohnehin verbindlich gültigen und zu beachtenden - Regeln guter wissenschaftlicher Praxis zentrale und konkrete Aussagen (vgl. ein Beispiel hierzu in Abbildung 47 in Teil C III dieser Schrift).

Eine gute Kenntnis der örtlichen Bibliotheken, ihrer Ressourcen und Möglichkeiten, aber auch ihrer Benutzungsregeln erleichtert den Start bei der Materialrecherche ganz erheblich. Viele Hochschulbibliotheken bieten regelmäßige Einführungen in die Benutzung von Bibliotheken und Schulungen zur Recherche in den verschiedenen Katalogen an, an denen Studierende kostenlos teilnehmen können. Zudem kann geschultes Bibliothekspersonal in aller Regel auch außerhalb solcher Kurse sehr gute Tipps für die Recherche geben. Wissenschaftliche Arbeiten werden heute in aller Regel mit Hilfe von Textverarbeitungsprogrammen geschrieben. Daten zu empirischen Untersuchungen werden mit Statistik-Software dokumentiert und ausgewertet. Literaturverwaltungsprogramme bieten Unterstützung bei der sauberen Dokumentation der Quellen. Sofern im Laufe des Studiums noch nicht geschehen, lässt sich die Zeit kurz vor Beginn der Abschlussarbeit sehr sinnvoll nutzen, um sich über die Verwendung der verschiedenen Software-Programme für die eigene Arbeit zu orientieren, ggf. eine Entscheidung über die Auswahl zwischen solchen Programme zu treffen, die sichere Handhabung der benötigten Programme zu erlernen und arbeitssparende Funktionen kennenzulernen. Ein zeitaufwändiges Einarbeiten in neue Software oder gar ein Umstieg auf andere Programme während der Bearbeitung der Abschlussarbeit kostet Zeit, die besser auf die inhaltliche Arbeit am Thema verwendet worden wäre.

Und schließlich sollten sich Studierende vorab Gedanken über ihre persönliche Arbeitsorganisation, ihre Zeitplanung und ihren Arbeitsrhythmus machen. Manch einer, der vorab von der großen Freiheit des wissenschaftlichen Arbeitens ohne feste Vorlesungszeiten geträumt hat, stellt überrascht fest, dass es ihm (oder ihr) doch leichter fällt, sich zu festen Zeiten in der Bibliothek einzufinden und dort gemeinsam mit anderen Studierenden und ohne Störung durch Ablenkung aus dem persönlichen Bereich zu arbeiten, als sich am heimischen Schreibtisch ohne soziale Kontrolle selbst disziplinieren zu müssen. In diesem Zusammenhang sei auch darauf verwiesen, dass die von den Prüfungsordnungen vorgesehenen Bearbeitungszeiten in der Regel für eine volle Wochenarbeitszeit (von ca. 40 Stunden) kalkuliert sind. Wer nicht die Wochenenden und Feiertage durcharbeiten möchte, sollte nach Möglichkeit davon Abstand nehmen, in dieser Bearbeitungszeit halbtags anderen Tätigkeiten nachzugehen. Die Erfahrung zeigt, dass wissenschaftliches Arbeiten deutlich zeitaufwändiger ist als es von unerfahrenen Personen vorher erwartet wird, und somit die Arbeitszeit, die für die Erstellung der Abschlussarbeit benötigt wird, häufiger unter- als überschätzt wird. Insofern gehört zur guten Vorbereitung gerade bei Abschlussarbeiten mit mehreren Monaten Bearbeitungsdauer auch die Klärung der Frage, ob und wie bzw. in welchem Umfang man sich auch ohne die Übernahme bezahlter Nebentätigkeiten in diesem Zeitraum finanzieren kann.

II. Themensuche und Themenauswahl

a. Sammlung eigener Themenvorschläge

Besteht die Möglichkeit oder Verpflichtung, selbst Themenvorschläge zu unterbreiten, so sollte man als erstes Selektionskriterium die **eigenen Interessen** verwenden. Denn gegebenes Interesse an einer Thematik setzt stärker und nachhaltiger die Energien frei, die man zur maximalen Ausschöpfung der verfügbaren Bearbeitungszeit benötigt. Bei eigenem Interesse am Thema sind eine positive Einstellung, Engagement und Arbeitsfreude jedenfalls eher vorgezeichnet als bei einer Thematik, die man als langweilig, spröde, trocken empfindet.

Wissenschaftliches Arbeiten sollte auch ‚Spaß machen‘. Ödet eine Thematik nur an, so kann ihre Bearbeitung zu einer sehr quälenden Angelegenheit werden. Man muss sich dann jeweils an den Arbeitsplatz zwingen, unterliegt (aufgrund des fehlenden Involvements) in stärkerem Maße Ablenkungen und ermüdet grundsätzlich auch schneller.

Die Themensuche auf den eigenen Interessenfeldern kann fortlaufend und vorsorgend angelegt werden. Das heißt, man notiert sich bereits vor Eintritt des akuten Falls, ein Thema vorschlagen zu müssen oder zu dürfen, mögliche Themen zu seinen Interessengebieten.

Anregungen dazu können vor allem aus Lehrveranstaltungen, aus Literaturstudien und aus Praxiskontakten resultieren. Nicht selten hört bzw. liest man dabei, diese oder jene Frage sei in der einen oder anderen Beziehung bislang nicht oder nicht hinreichend geklärt und deshalb bearbeitungswürdig.

Zu berücksichtigen ist auch, dass fast jedes Thema interessant wird, wenn man nur tief genug in seine Materie eindringt. Manche Themen mögen auf den ersten Blick, solange man noch nicht genug über sie weiß, uninteressant erscheinen; auf den zweiten Blick, mit vertieften Kenntnissen, offenbaren sich die spannenden Aspekte leichter.

Andererseits kann zu viel, insbesondere auch stark **emotional geprägtes Interesse** für ein Thema auch dabei hinderlich sein, die nötige sachliche Nüchternheit und wissenschaftliche Distanz aufzubringen. Schon manche Studierende, die im Praktikum eine negative Erfahrung mit autoritär führenden Vorgesetzten gemacht haben, scheiterten an dem Versuch, ihren als flammenden Aufruf für die kooperative Personalführung verfassten Text anschließend wieder in eine wissenschaftliche Studienabschlussarbeit umzuwandeln!

Stellt sich das Problem akut, ohne dass man auf Themenvorräte zurückgreifen kann, so ist die interessengerichtete **Durchsicht der jüngsten Literatur** der Ansatz mit der größten Erfolgswahrscheinlichkeit. Dabei sind vor allem die jeweiligen Spezialzeitschriften eine wertvolle Hilfe, da sich in ihnen am schnellsten und deutlichsten spiegelt, welche Fragenkomplexe in einer Wissenschaftsdisziplin derzeit aktuell sind. Die meisten Zeitschriftenpublikationen enthalten Abschnitte zur Diskussion der eigenen Ergebnisse und zu zukünftigem Forschungsbedarf, aus denen vielfältige Anregungen für eigene Themen und Fragestellungen entnommen werden können.

Stehen die zuständige Prüferin oder der zuständige Prüfer bereits fest, so ist es keine schlechte Idee, bei der Literaturdurchsicht deren oder dessen jüngere und jüngste Publikationen besonders zu beachten. Schließlich muss der jeweilige Themenvorschlag auch von Seiten der Prüfenden akzeptiert werden. Die Wahrscheinlichkeit hierfür dürfte steigen, wenn Studierende mit Themenvorschlägen an aktuellen Forschungsinteressen anknüpfen.

Zudem ist auf das Internet zu verweisen, welches einerseits Hinweise auf derzeit aktuelle Themenstellungen, aber auch auf sonst (noch) nicht publizierte Materialien bietet. So findet man z. B. Listen von Diplomarbeitsthemen auf den Internetseiten von Lehrstühlen und Fragenkomplexe großer Forschungsprojekte auf den Seiten von Forschungseinrichtungen generell. Viele Wissenschaftseinrichtungen bieten interessante Link-Sammlungen zu bestimmten Themenbereichen oder stellen aktuelle Forschungsberichte mit abschließenden Bemerkungen zu weiterem Forschungsbedarf zum Download bereit.

b.   Auswahl aus eigenen Themenvorschlägen

Die Frage, ob und in welchem Grade man sich für eine Thematik interessiert, ist ein wichtiges Selektionskriterium, aber keineswegs das einzig relevante. Zudem ist das eigene Interesse vom jeweiligen Wissensstand abhängig, der sich im Laufe der Themensuche verändern kann.

Unterbreitet man selbst einen Themenvorschlag, so sollte man davon ausgehen, dass man zumindest einen Teil der **Verantwortung für die Eignung des Themas** nicht vom Prüfenden abgenommen bekommt, sondern selbst trägt.

Das heißt, man sollte sich in jedem Fall die folgenden Fragen stellen und für das vorgeschlagene Thema positiv beantworten können:

1. Zielt das Thema überhaupt in das Gebiet, auf dem wissenschaftliche Leistungsfähigkeit nachgewiesen werden soll?

Als betriebswirtschaftliches Thema ungeeignet ist z. B. eine rein juristische
Problematik, der die betriebswirtschaftliche Relevanz völlig oder weitgehend
fehlt und zu deren Bearbeitung man eher juristisches Know-How und Hand-
werkszeug benötigt als betriebswirtschaftliche Qualifikationen.

2. Bietet das Thema überhaupt Möglichkeiten zu Eigenleistungen, und gegebenenfalls in welchem Maße?

Ungeeignet ist jede Thematik, die durch die Literatur bereits völlig oder wei-
testgehend ‚aufgearbeitet' erscheint, und bei der keine Fragen mehr offen
sind.

3. Ist das Thema in der vorgesehenen Zeit angesichts des vorhandenen Forschungs-
standes zu bewältigen?

Bei allem positiven Reiz, den ein Thema ausstrahlen mag, muss selbstkritisch
gefragt werden, ob man sich mit dem Thema nicht übernimmt.

Für Studienabschlussarbeiten in Zusammenarbeit mit Unternehmen ist zusätzlich zu
fragen, ob die benötigten/vereinbarten/versprochenen Informationen, Gesprächster-
mine, Daten und Materialien auch tatsächlich bereit gestellt werden bzw. ob man
diese Bereitstellung hinreichend gut abgesichert hat. So muss etwa in Betrieben mit
Betriebsrat vor einer Befragung häufig die Zustimmung des Betriebsrates eingeholt
werden. Manch ein potentieller Befragter hat schon bei der Vereinbarung eines In-
terviewtermins die politische Brisanz eines Themas entdeckt und urplötzlich seine
Zusage zu einem Gespräch zurückgezogen. Solche und ähnliche Aspekte sollten vor
der endgültigen Anmeldung des Themas verbindlich geklärt und bestmöglich abgesichert werden.

Die Beantwortung der Prüffragen bedingt zumindest eine ‚diagonale' Sichtung der
Literatur und der sonstigen Materialien.

Für Themen, die diesen Sichtungsvorgang überstehen, empfiehlt es sich, die Gliederungspunkte ‚**Problemstellung**' und ‚**Gang der Untersuchung**' probeweise aus-
zuformulieren, eventuell auch eine **Probegliederung** zu **erstellen**.

Zu dem dann tatsächlich vorzuschlagenden Thema ist damit auch eine fundierte
Argumentationshilfe gegenüber der Prüferin oder dem Prüfer geschaffen. Je deutli-
cher und überzeugender man mitzuteilen vermag, weshalb man ein Thema für bearbeitungswürdig und in der vorgegebenen Zeit für bearbeitungsfähig hält, desto eher
kann man damit rechnen, dass das Thema angenommen wird: Genau diese Aspekte
werden verantwortlich handelnde Prüfende nämlich vor der Themenstellung auch
abzusichern bemüht sein.

c. Auswahl aus Themenvorschlägen des Prüfenden

Bieten Prüferinnen oder Prüfer alternative Themenvorschläge an, so ist ebenfalls zu fragen:

▸ Welche Themen interessieren mich?
▸ Welche Eigenleistungen fordern die Themen/lassen die Themen zu?
▸ Welche Themen sind von mir (aufgrund meines Kenntnisstandes, meines Stärke-Schwäche-Profils) in der vorgegebenen Zeit zu bewältigen?

Die von Studierenden partiell auch verwendete **Selektionsfrage 'Wie viel (deutschsprachige, nicht-formale) Literatur gibt es zu dem Thema?'** ist **zu vordergründig**. Vor allem ist es zu vordergründig, in die erste Präferenz schlicht das Thema mit der größten Zahl der (deutschsprachigen, nicht-formalen) Literaturhinweise zu stellen.

Zum einen sagt die Zahl der Titel nichts Zwingendes zu dem inhaltlich Vorliegenden aus – ein guter Titel kann zehn oder mehr andere substituieren. Zum anderen signalisiert die Existenz von viel Literatur eher (als im umgekehrten Fall) das Risiko, wenig Freiraum für Eigenleistungen zu haben. Das heißt: Geringe Vorbearbeitung eines Themas in der Literatur bedeutet große Chancen für Eigenleistungen. Umfangreiche Literaturvorbearbeitung bedeutet nicht nur erheblichen Zeitbedarf für die Literaturbearbeitung, sondern auch verminderte Chancen für Eigenleistungen. Folglich spricht mehr für das Präferieren von Themen, zu denen wenig(er) Literatur existiert.

III. Zeitplanung für ein fixiertes Thema

In der Folge wird je ein Vorschlag zur Zeitplanung einer Masterarbeit mit sechsmonatiger Bearbeitungsdauer und zur Zeitplanung für eine Bachelorarbeit mit neunwöchiger Bearbeitungsdauer unterbreitet und begründet (vgl. Abbildungen 6 und 7). Auf eine kürzere oder längere Bearbeitungsdauer lassen sich die Zeitzuordnungen entsprechend übertragen.

Phase	Zentraler Inhalt	Dauer in Wochen (ca.)
(1)	Allgemeine Literatur-/Materialsammlung	05
(2)	Sichten/Ordnen des Materials und Erstellen einer **Arbeits**gliederung	02
(3)	Gezielte weitere Literatur- und Materialsammlung, Schreiben der **Erst**fassung mit parallelem Lesen von Literatur und Anpassung der Gliederung	14
(4)	Überarbeitung und Erarbeitung der abgabefähigen Fassung	04
(5)	Korrekturen, **Rein**schrift und Überarbeitung von Abbildungen, Verzeichnissen etc.	01
Insgesamt		**26**

Abbildung 6: Zeitplan für eine sechsmonatige Masterarbeit

Die angegebenen zeitlichen Zuordnungen leiten sich aus durchschnittlichen Erfahrungswerten bei der Betreuung von inzwischen mehr als tausend Studienabschlussarbeiten ab. Sicher gibt es individuelle Unterschiede. Manchen ‚fließt die Erstfassung geradezu aus der Feder‘, andere ringen bereits bei Erstellung der Erstfassung mit jedem Wort und jedem Satz. Auch deshalb sind die einzelnen Zeiträume nur ‚rund‘ angegeben und müssen in gewissem Grade individuell angepasst werden.

Phase	Zentraler Inhalt	Dauer in Wochen (ca.)
(1)	Allgemeine Literatur-/Materialsammlung	1,5
(2)	Sichten/Ordnen des Materials und Erstellen einer **Arbeits**gliederung	1,0
(3)	Gezielte weitere Literatur- und Materialsammlung, Schreiben der **Erst**fassung mit parallelem Lesen von Literatur und Anpassung der Gliederung	5,0
(4)	Überarbeitung und Erarbeitung der abgabefähigen Fassung	1,0
(5)	Korrekturen, **Rein**schrift und Überarbeitung von Abbildungen, Verzeichnissen etc.	0,5
Insgesamt		**9,0**

Abbildung 7: Zeitplan für eine neunwöchige Bachelorarbeit

Jedoch sollten einige typische Fehler bei der individuellen Anpassung von Zeitplänen besser unterbleiben: Die Phase (1) sollte nicht wesentlich über das angegebene Maß hinaus ausgedehnt werden. Der knappe Faktor ‚Zeit' ist möglichst Ertrag bringend zu nutzen! Literaturrecherchen geraten recht schnell unter ein ‚Gesetz vom abnehmenden Ertragszuwachs'. Das heißt, das Ausmaß an Informationsgewinn und Zunahme an Orientierung über den Themenbereich, das aus Durchsicht weiterer Quellen resultiert, nimmt relativ schnell ab. Zumindest wenn man ‚voll einsteigt' und dabei mit der jüngsten Literatur beginnt,[30] führt der Abnahmeeffekt nach relativ kurzer Dauer zu dem Punkt, wo sich der weitere Zeiteinsatz für die allgemeinen Literaturrecherchen nicht mehr als vertretbar erweist.

Zeigt sich in der Phase (3), dass man punktuell doch etwas oder gar reichlich ‚dünn dasteht', so sind eben nochmals Zeiten für eine gezielte Nachsuche und vertieftes Lesen einzusetzen. Die Erfahrung lehrt, dass Kandidatinnen oder Kandidaten in Zeitnot geraten, weil sie sich nicht dazu zwingen konnten, rechtzeitig von der Phase (1) in die Phasen (2) und (3) zu wechseln.

---

[30]   Der Beginn mit einschlägiger jüngster Literatur vermittelt zugleich einen Überblick über die älteren Literaturquellen zum Themenkreis.

Die Phasen (4) und (5) sind unentbehrlich. Vielen Arbeiten merken Leserinnen und Leser an, dass ihnen entweder gar keine oder höchstens eine oberflächliche Schnell-überarbeitung zuteil geworden ist. Die später folgenden Ausführungen zu dieser Phase werden im Einzelnen erläutern, wie viel in diesen beiden abschließenden Phasen noch zu beachten und zu realisieren ist. Diese Ausführungen begründen den anteilig recht hohen Zeitbedarf, der den Unerfahrenen zunächst erstaunen mag. Vor-ab sei nur nachdrücklich davor gewarnt, sich auf einen Zeitplan einzurichten, der am Vorabend des Abgabetermins zum Schlusspunkt unter die Erstfassung führt.

IV. Grundrecherchen

a. Genaue Formulierung des Ausgangspunktes der Recherche

Vor dem Eintritt in die Literaturrecherchen und in die Erhebung sonstiger Materialien sollte man sich eine **grobe Vorstellung vom Fragenkreis des Themas** gebildet haben. Hieraus sollten gezielt Schlagworte als Suchstichwörter sowohl in englischer als auch in deutscher Sprache abgeleitet werden, die dann in der Recherche einge-setzt werden können. Damit lassen sich Zeitverluste für offensichtlich abwegige Recherchen vermeiden.

Unzweckmäßig sind vor den Grundrecherchen aber Bemühungen um eine scharf ab- und damit ausgrenzende Ausgangsformulierung der Problemstellung. Derartige Bemühungen bergen die erhebliche Gefahr, dass man zu fixiert startet und sich da-mit den Blick für themenbereichernde Aspekte/Perspektiven verstellt, die sonst aus den Grundrecherchen resultieren können.

Soweit bei einer wissenschaftlichen Arbeit auch eigene empirische Arbeiten (Einho-len von Expertenauskünften und/oder eigene Feldstudien über Befragungen, Be-obachtungen, Experimente) durchgeführt werden sollen, muss deren Konzeption und Durchführung das Studium der einschlägigen Literatur zum Fragenkreis vorangehen. Denn ohne entsprechende Grundorientierung über den Stand der Forschung ist die Wahrscheinlichkeit für ertragreiche empirische Studien gering. Für Befragungen, Beobachtungen und Experimente benötigt man gute und umfassende themenspezifi-sche Informationen, um Hypothesen und Fragen formulieren bzw. das Experimental- und Auswertungsdesign planen und festlegen zu können. Dies gilt in jedem Fall für hypothesenprüfende Arbeiten. Aber selbst bei explorativ angelegten Studien sollte man vor Beginn der Exploration den Stand der Forschung kennen, um die zu explo-

rierende Lücke im empirischen Wissen genau zu bestimmen, die man mit seiner
Arbeit füllen möchte.

b. Hinweise zur Durchführung der Literatur- und Materialrecherchen

Hat die Prüferin oder der Prüfer das von ihm gestellte Thema mit Literaturhinweisen
versehen, so bietet sich der Start des Literaturstudiums bei diesen Hinweisen an.
Sonst bzw. ergänzend zu diesem Starthinweis bieten sich verschiedene zeitsparende
(online- und offline-) **Einstiegshilfen bei der Literatursuche an:**

▶   Schlag- und Stichwortkataloge der Bibliotheken
▶   Suchfunktion der elektronischen Bibliothekskataloge (Schlagworte, Auto-
    ren, ...)
▶   Fachbibliographien[31]
▶   neuere Fachlexika und Handwörterbücher (soweit diese mit Literaturhinweisen
    arbeiten)
▶   (zunächst) jüngste Ausgaben/Jahrgänge einschlägiger Fachzeitschriften
▶   Sammlungen von Arbeitspapieren/Diskussionspapieren als Vorläufern wissen-
    schaftlicher Publikationen
▶   Fachbuchhandlungen (incl. deren elektronisch verfügbaren Angeboten zur Re-
    cherche nach Titeln und Autorinnen und Autoren)

Stößt man auf eine themennahe Publikation jüngeren Datums, so lässt sich die weitere Literatursuche von deren Literaturangaben aus besonders gut vorantreiben,
indem man hiervon ausgehend „rückwärts" und „vorwärts" weitere Quellen sucht.
Die Rückwärtssuche basiert darauf, dass man Quellenverzeichnisse und zitierte
Arbeiten in schon gefundenen Arbeiten systematisch auf für das eigene Thema relevante Literaturquellen hin auswertet und darüber Hinweise auf weitere relevante
Texte gewinnt.

Die Vorwärtssuche dagegen ist besonders hilfreich, um ausgehend von älteren Quellen aktuellere, jüngere Publikationen aufzufinden. Zitations-Indices (z.B. der Social
Science Citation Index [SSCI] für die Wirtschafts- und Sozialwissenschaften), die
heute in Hochschulbibliotheken meist (online) zur Verfügung stehen, bieten die

---

[31]   Bibliographien sind Verzeichnisse, die den Bestand an Literatur zu einem Fachgebiet ausweisen.
       Hat man keine Kenntnis von der Existenz einer einschlägigen Bibliographie, sollte man – statt zeit-
       raubender, aber erfolgsunsicherer Suche – unmittelbar bei der jeweiligen Bibliotheksaufsicht fragen.

Möglichkeit, ausgehend von einer vorhandenen themenspezifischen Quelle eine „vorwärts" gerichtete Recherche durchzuführen, bei der man solche Artikel auffindet, die den schon vorhandenen Text zitiert haben und somit zeitlich später publiziert wurden. Auch die Internet-Seiten von Fachzeitschriften bieten häufig die Möglichkeit, ausgehend von einem Artikel, der in der jeweiligen Zeitschrift publiziert wurde, weitere Quellen aufzufinden, die diesen Artikel zitieren, oder Artikel mit ähnlichem Inhalt oder verwandten Themen aufzuspüren.

Zusätzliches Material kann auch verfügbar sein in

▶   Zeitungsausschnittmappen in Bibliotheken
▶   bei einschlägigen Verbänden und öffentlichen Institutionen (z. B. Stellungnahmen, vorhandene Datenbestände, Linksammlungen und bislang unveröffentlichtes Material).

Für alle hier genannten Ansatzpunkte bei der Recherche gilt, dass viele Informationen auch in elektronischer Form (etwa Online-Bibliothekskataloge) oder im Internet (auf den Internetseiten von Institutionen und ggf. zum Download am heimischen Computer) bereitgestellt werden.

c.   Dokumentation des recherchierten Materials

Das gesamte gesammelte Material ist so umfassend zu dokumentieren und mit Quellenangaben zu versehen, dass es bei tatsächlicher Verwendung korrekt zitiert werden kann. Bei Materialien, die aus dem Internet stammen, ist auch darauf zu achten, dass ein Belegexemplar ausgedruckt und/oder abgespeichert wird, unter Angabe der vollständigen URL und des Abrufdatums.

Diese sorgfältige Dokumentation ist eine wichtige Voraussetzung, um bei der eigentlichen Schreibarbeit bzw. bei der Formulierung des Textes die Regeln guter wissenschaftlicher Praxis vollständig einhalten zu können: Nur wenn die Herkunft von bestimmten Gedanken, Ideen und Textstellen korrekt und vollständig dokumentiert wurde, kann das fremde geistige Eigentum auch korrekt und vollständig gekennzeichnet und zutreffend zitiert werden. Ohne sehr sorgfältige Dokumentation aller Materialien mit ihren Fundstellen läuft man schnell Gefahr, in den Bereich gravierenden wissenschaftlichen Fehlverhaltens abzurutschen, weil man fremdes geistiges Eigentum zwar verarbeitet, aber seine Herkunft nicht mehr angeben kann.

Hilfreich bei der Dokumentation der gefundenen und verarbeiteten Quellen und Texte können **elektronische Literaturverwaltungsprogramme** (wie z.B. Endnote, Endnote Web, Citavi, REFWorks, Mendeley u.a.) sein. Dies gilt insbesondere für umfangreiche oder längerfristige wissenschaftliche Arbeit, etwa für die Arbeit an einer Dissertationsschrift.

Grundsätzlich handelt es sich bei den Literaturverwaltungsprogrammen um Datenbankprogramme, in denen alle recherchierten Materialien mit ihren Fundstellen erfasst und abgespeichert werden können. Diese Programme verfügen (je nach Programm in unterschiedlichem Umfang) über zahlreiche hilfreiche Funktionen, die das spätere, auch wiederholte, Arbeiten mit den Quellen deutlich erleichtern:

• Erfassung von Quellen

Literaturverwaltungsprogramme bieten Funktionen an, um bibliographische Daten zu Quellen zu erfassen. Dies kann in der Regel einerseits „per Hand" geschehen, indem die einzelnen Informationen eingetippt werden. Sehr hilfreich, weil zeitsparend und fehlermindernd ist es aber, den automatischen Import der bibliographischen Daten aus anderen Datenbanken und Literaturkatalogen in das Literaturverwaltungsprogramm zu nutzen, der über vordefinierte Schnittstellen läuft. Auch die elektronischen Internet-Seiten von Fachzeitschriften bieten häufig schon eine Verlinkung bzw. eine definierte Schnittstelle zu gängigen Literaturverwaltungsprogrammen an, die den automatischen Import der Angaben erlauben.

• Exportieren von Quellenangaben

Literaturverzeichnisse lassen sich mit Hilfe der Literaturverwaltungsprogramme automatisch erstellen und an unterschiedliche Formatierungsvorgaben anpassen. Diese Funktion ist insbesondere dann sehr hilfreich, wenn mehrere wissenschaftliche Arbeiten zu einem großen Themenkomplex geschrieben werden und bei unterschiedlichen Publikationsmedien mit unterschiedlichen Formatierungsvorgaben für die Literaturverzeichnisse veröffentlicht werden sollen.

• Bearbeiten und Ergänzen von Datensätzen

In den meisten Literaturverwaltungsprogrammen lassen sich den bibliographischen Datensätzen für die einzelnen Quellen auch zusätzliche Informationen wie z.B. Schlagwörter, Fundstellen in Bibliotheken oder Ablage- bzw. Speicherstellen hinzufügen. Einige Programme erlauben es auch, kürzere oder längere, wörtliche oder sinngemäße Zitate oder kurze Texte zu eigenen Ideen und Gedanken mit abzuspeichern, und daraus einen „Wissensbaum" oder eine „Wissensstruktur" anzulegen. Erfasste Zitate können teilweise direkt aus dem Literaturverwaltungsprogramm wieder in den zu erstellenden wissenschaftlichen Text übernommen werden.

• Aufgabenverwaltung und Projektmanagement

Teilweise lassen sich in den Programmen Listen von zu erledigenden Aufgaben incl. Terminierungen oder Prioritätenzuweisung erstellen und verwalten, wodurch die reine Literaturverwaltung durchaus schon in den Bereich des Projektmanagements hinein erweitert wird. Hier kann beispielsweise zu besorgende, auszuleihende, zu kopierende, zu exzerpierende oder auszuwertende Literatur erfasst werden, einzuhaltende Sprechstundentermine bei der Betreuerin oder dem Betreuer der wissenschaftlichen Arbeit und ggf. dort zu klärende Fragen notiert oder Abgabedaten der wissenschaftlichen Arbeit oder ausgeliehener Materialien im Überblick präsentiert werden.

Die erfolgreiche Nutzung dieser Programme setzt stets voraus, dass Nutzerinnen und Nutzer bei der Anlage ihrer Quellenbestände sowie des gesamten Projektes sehr geplant, strukturiert und sorgfältig vorgehen. Jedes Datenbankprogramm kann nur so gut sein, wie die Einträge in die Datenbank korrekt, vollständig und aktuell sind! So muss man sich etwa von Anfang an eine sinnvolle, aussagekräftige und gut erweiterbare Anlage des Schlagwortverzeichnisses überlegen, wenn man später einzelne Texte auch in einem schon umfangreichen Quellenbestand sicher wieder finden möchte. Diese Anlage muss dann auch konsequent bei jedem neuen Literatureintrag angewendet werden. Sehr spezielle Schlagworte etwa, die man später bei der Suche in der Datenbank selbst nicht mehr erinnert, werden kaum weiterhelfen. Ähnliches gilt für das persönliche Ablagesystem oder die Verschlagwortung von Zitaten oder die Anlage von Wissensbäumen.

In vielen Hochschulbibliotheken sind Campuslizenzen für Literaturverwaltungsprogramme durch die Studierenden nutzbar. Einige Programme lassen sich auch unabhängig davon kostenlos im Internet herunterladen. Im Internet sind zudem bereits einige systematische Vergleiche von Literaturverwaltungsprogrammen zu finden, so dass Studierende, die über die Anschaffung oder die Arbeit mit einem der Programme nachdenken, sich relativ leicht und schnell über deren Eigenschaften informieren können, bevor sie Software ggf. kostenpflichtig beschaffen oder Mühe und Zeit investieren, um sich in das Programm einzuarbeiten.

V. Stoffordnung und Arbeitsgliederung

Bereits während der Literatursichtung und Materialsammlung bildet sich häufig eine **Grundordnung des Stoffs** heraus: Abgrenzbar sind allgemeine Teile und Teilmassen zu bestimmten Themenaspekten und -perspektiven.

BEISPIEL

Zu einem Thema ‚**Furchtappelle in der marktgerichteten Kommunikationspolitik**' können sich etwa folgende Blöcke zeigen:
– Begriffe Furcht/Angst
– Begriff, Arten und Ziele der Kommunikationspolitik
– Generelle Auswirkungen/Folgen von Furchtappellen
– Wirkung von Furchtappellen in Abhängigkeit von Kommunikationsvariablen
   – Kommunikationsstil
   – Kommunikationsinhalt
   – Kommunikationsempfänger (Kommunikant)
   – Kommunikationssender (Kommunikator)
– Folgerungen für die Gestaltung kommunikationspolitischer Instrumente
   – Werbung
   – Persönlicher Verkauf
– Ausgewählte Anzeigenbeispiele
– Offene Fragen

Abbildung 8: Beispiel für Stoffordnung/Materialordnung

Sollte sich die Basis für ein systematisches Ordnen und damit für das **Erstellen einer Arbeitsgliederung** ‚unterwegs' nicht eingestellt haben, so ist folgendes Vorgehen empfehlenswert:

(1)   Über diagonales Lesen Schlagworte registrieren und die gesamte Stoffsammlung nach diesen Schlagworten sortieren;

(2)   die Schlagworte nach ihrer Zusammengehörigkeit gruppieren;

(3)   die in Stufe (2) gewonnenen Blöcke in eine plausibel erscheinende gedankliche Reihenfolge bringen.

Eingefügte Unterpunkte und die Berücksichtigung der obligatorischen Gliederungsteile ‚Problemstellung', ‚Gang der Untersuchung', ‚Zusammenfassung der Ergebnisse' führen dann zu einer **Arbeitsgliederung** wie in Abbildung 9 gezeigt.

Tiefer als zwei bis drei Stufen braucht eine Arbeitsgliederung nicht zu gehen. Häufig kann die Arbeitsgliederung noch gar nicht tiefer gehen, da sie zu einem Zeitpunkt ansteht, zu dem nur ein recht unvollkommener Überblick zur Thematik vorliegt. Bei den recht kurzen Seminar- und Bachelorarbeiten ist auch in der Endfassung keine tiefere Gliederung erforderlich oder zweckmäßig.

Die Arbeitsgliederung ist nicht mehr als eine aus der Stoffsammlung gestützte **Annahme**. Man nimmt von dem in der Arbeitsgliederung angelegten Konzept an, dass es sich als tragfähig erweist, ohne es zu diesem Zeitpunkt schon genau zu wissen. Die Arbeitsgliederung soll in Verbindung mit der (vorläufig) formulierten Problemstellung davor bewahren, ziellos und ungeordnet darauf loszuschreiben. Sie ist aber in dem Sinne **unverbindlich**, dass sie sich allen später gewonnenen besseren Einsichten zu fügen hat.

Nicht nur die Vertiefung der Gliederung ist ein Normalvorgang, der sich beim Schreiben mit dem gedanklichen Eindringen in den Stoff ergibt. Auch sonstige Veränderungen der Gliederung gehören zum ‚normalen‘ Prozess. Das Schreiben führt die Gliederung in ihre Bewährungsprobe. Soweit sich die Gliederung in der konzipierten Form nicht bewährt, ist sie zu ändern: umzuformulieren, umzustellen, zu ergänzen oder auch zusammenzustreichen. Gliederungen müssen sich also so lange Änderungen gefallen lassen, wie die Endfassung ihren Schlusspunkt nicht erreicht hat.

Im Beispiel der Abbildung 9 mag sich in C/III eine andere Reihenfolge als zweckmäßig oder gar notwendig herausstellen. Zu Punkt D/I/c wird ‚vor Ort‘ zu prüfen sein, ob und inwieweit gegebenenfalls sonstige kommunikationspolitische Instrumente wie Sales Promotions, Public Relations, Product Placement, Sponsoring Themenimplikationen zeigen.

Sucht man seine Betreuerin oder seinen Betreuer zur Besprechung der Arbeitsgliederung auf, sollte man diese (in Reinschrift vorzulegende) Gliederung mit einer Seitenzahl-Schätzung (für alle vorgesehenen Punkte) versehen. Damit lässt sich späteren Unstimmigkeiten in Bezug auf Gewichtungen innerhalb der Arbeit vorbeugen.

A. Grundlegung
  I.   Problemstellung
  II. Gang der Untersuchung
  III. Begriffs-Kennzeichnungen
       a. Angst/Furcht
       b. Marktgerichtete Kommunikationspolitik

B. Generell mögliche Wirkungen von Furchtappellen hinsichtlich unternehmeri-
   scher Kommunikationsziele
  I.   Zielschädliche Irritationen/Reaktanzen
  II. Zieladäquate Einstellungs- und Verhaltensänderungen

C. Steuerbarkeit der Zielwirkungen durch Beeinflussung/Berücksichtigung von
   Kommunikationsvariablen
  I.   Kommunikationsstil
       a. Intensitätsgrad
       b. Direktheitsgrad
  II. Kommunikationsinhalt
       a. Effizienznachweis der Verhaltensempfehlung
       b. Zeitliche Realisierbarkeit der Verhaltensempfehlung
  III. Kommunikant
       a. Reaktionsmöglichkeit
       b. Selbstvertrauen
       c. Ausgangsfurcht
  IV. Kommunikator-Glaubwürdigkeit

D. Folgerungen für den Einsatz der kommunikationspolitischen Instrumente
  I.   Isolierende Betrachtung
       a. Werbung
       b. Persönlicher Verkauf
       c. Sonstige
  II. Kombinative Betrachtung (Kommunikations-Mix)

E. Überprüfung von Furchtappell-Anwendungen

F. Zusammenfassung der Ergebnisse und Ausblick auf offene Fragen

Abbildung 9: Beispiel für Arbeitsgliederung zum Thema ‚Furchtappelle in der
            marktgerichteten Kommunikationspolitik‘

VI. Erstfassung

a. Generelle Hinweise

1. Grad der Vorläufigkeit/Vollständigkeit

Bereits beim Schreiben der Erstfassung sollte die Verfasserin oder der Verfasser sich aller Ansprüche bewusst sein, die an eine wissenschaftliche Arbeit gestellt werden (vgl. Block A dieser Schrift). Allerdings ist es in aller Regel schlichtweg unmöglich, im ersten Durchgang alle Ansprüche in der letztendlich zu erreichenden Form zu erfüllen. Entsprechend wurde dringend empfohlen, von vornherein einen eher großzügig bemessenen Zeitrahmen für Überarbeitungen vorzusehen.

Dies darf jedoch nicht bedeuten, dass man auch solche Ansprüche vor sich herschiebt, die den Kern der Arbeit betreffen und durchaus im Rahmen der ersten Niederschrift erfüllt werden können. Eine unnötige Belastung der Überarbeitungsphase, in der es ohnedies nicht selten zeitlich eng wird, ist zu vermeiden.

In jedem Fall muss schon in der Erstfassung der höchstmögliche Grad an gedanklicher Klarheit und guter Struktur des Argumentationsaufbaus angestrebt werden, denn hierin liegt der Kern der Qualität der Arbeit. Textstellen, die Autorin oder Autor selbst inhaltlich noch unklar sind bzw. deren Argumentationsaufbau noch Unbehagen bereitet, sollten gar nicht erst in die Erstfassung aufgenommen werden. Denn: Nicht selten ist das Gefühl der Unklarheit oder des Unbehagens ein wichtiger Hinweis auf eine wichtige Auslassung oder auf einen zentralen Denkfehler, die auch Konsequenzen für die folgenden Argumentationsschritte haben können.

Zudem sollte man parallel zur ersten Niederschrift alle dabei anfallenden Daten für die anzulegenden Verzeichnisse festhalten. Im Weiteren sollten alle Bezüge auf geistiges Eigentum anderer Autorinnen oder Autoren durchgehend korrekt dokumentiert und notwendig erscheinende Anmerkungen konzipiert werden.

2. Daten für Verzeichnisse

Zwar sind die im Folgenden anzusprechenden Verzeichnisse nicht in jedem Fall notwendig, bei längeren Arbeiten wie Masterarbeiten sowie Dissertationen haben sie aber sehr häufig Bestandteil der Endfassung zu sein.

In Betracht kommen

(1) Abkürzungsverzeichnis
(2) Symbolverzeichnis
(3) Abbildungsverzeichnis/Tabellenverzeichnis.

Zu (1): **Abkürzungsverzeichnis**

Als Grundregel ist zu Abkürzungen zu befolgen: Sparsam mit ihnen umgehen, soweit es sich nicht um gängige[32] Abkürzungen handelt! Die Arbeit mit Abkürzungen darf nicht zur Belastung für die Leserinnen und Leser führen, sondern sollte auch von ihnen als Entlastung empfunden werden. Deshalb sind (außerhalb der gängigen Abkürzungen und der anschließend zu behandelnden Symbole) nur die folgenden beiden Kategorien empfehlenswert:

▸   literatur- und gesetzestextbezogene Abkürzungen
▸   Abkürzungen von wiederholt zu verwendenden langen Begriffs- oder Wortprägungen.

Literatur- und gesetzestextbezogene Abkürzungen (wie ‚ZfB' für ‚Zeitschrift für Betriebswirtschaft', AGG für ‚Allgemeines Gleichbehandlungsgesetz') verkürzen die Zitiertexte und den Text des Literaturverzeichnisses. Sie bieten Leserinnen und Lesern damit eine Erleichterung.

Abkürzungen von Begriffs-/Wortprägungen erscheinen vor allem dann sinnvoll, wenn es sich um wiederholt zu verwendende relativ lange ‚Gebilde' handelt. Befasst sich eine Arbeit also unter bestimmten Aspekten mit ‚umweltfreundlichen Produkten', so wird sich die Einführung der Verkürzung ‚UWF-Produkte' als zweckmäßig erweisen; die ständige Wiederholung von langen Begriffen wie Leiharbeitnehmer kann z. B. durch die Abkürzung LAN vermieden werden.

Kürzel müssen am Ort ihrer erstmaligen Verwendung im Text der Arbeit erläutert werden. Selbstverständlich enthebt die Verwendung einer Abkürzung auch nicht von der Pflicht, die abgekürzten Begriffe ggf. sauber zu definieren.

„Die so definierten umweltfreundlicheren Produkte (im Folgenden kurz: UWF-Produkte) sollen ...“

---

[32]   Als gängige Abkürzungen dürfen nur die im ‚DUDEN-Rechtschreibung' verzeichneten angenommen werden.

Alle nicht gängigen (d. h. nicht im ‚DUDEN-Rechtschreibung' angeführten) Abkürzungen **müssen** im Abkürzungsverzeichnis der Arbeit erscheinen, gängige Abkürzungen **können** dort berücksichtigt werden.[33]

Ein Abkürzungsverzeichnis (ohne gängige Abkürzungen) mag sich dann in folgender Weise darstellen:

Abkürzungsverzeichnis

AER	American Economic Review
BBankG	Bundesbankgesetz
BFuP	Betriebswirtschaftliche Forschung und Praxis
BGBl	Bundesgesetzblatt
eG	eingetragene Genossenschaft
GenG	Genossenschaftsgesetz
HBR	Harvard Business Review
HdA	Handbuch der Absatzwirtschaft
HdB	Handwörterbuch der Betriebswirtschaft
HdF	Handwörterbuch der Finanzwirtschaft
HdO	Handwörterbuch der Organisation
JoB	Journal of Business
JoF	Journal of Finance
KWG	Gesetz über das Kreditwesen
LAN	Leiharbeitnehmer
UWF-Produkte	umweltfreundliche Produkte
WiSt	Wirtschaftswissenschaftliches Studium
WISU	das Wirtschaftsstudium
ZfB	Zeitschrift für Betriebswirtschaft
ZfbF	Zeitschrift für betriebswirtschaftliche Forschung
ZfgG	Zeitschrift für das gesamte Genossenschaftswesen
ZfO	Zeitschrift für Organisation

Abbildung 10: Beispiel für Abkürzungsverzeichnis

---

[33] Für eine Berücksichtigung auch gängiger Abkürzungen im entsprechenden Verzeichnis spricht vor
allem: Bei Abkürzungen, die für Leserinnen und Leser mit ‚Deutsch als Muttersprache' gängig sind,
lässt sich dieses für Leserinnen und Leser mit anderem Sprachhintergrund (‚Deutsch als Fremdspra-
che') häufiger nicht annehmen. Um ihnen gegenüber keine unnötigen Sprach- und damit Verständi-
gungsbarrieren aufzubauen, empfiehlt sich die Aufnahme aller Abkürzungen in das betreffende
Verzeichnis.

Zu (2): **Symbolverzeichnis**

Symbole repräsentieren spezifische Abkürzungen, die vor allem mathematisch, statistisch und/oder technisch ausgerichtete Arbeiten kennzeichnen. Die jeweils verwendeten Symbole sollen Formelsprache, die Darstellung von Modellen und/oder komprimierte statistische Darstellungen ermöglichen und damit der Beschleunigung und Erleichterung wissenschaftlicher Kommunikation dienen.

Zur Sicherung dieses positiven kommunikativen Effektes sind alle nicht gängigen[34] Symbole in einem eigenen Verzeichnis mit komprimierter Erklärung/Übersetzung anzuzeigen und bei ihrer Erstverwendung im Text der Arbeit zu erläutern.

Das Symbolverzeichnis zu einer Arbeit, die mit personalwirtschaftlichen Fragen der Anreizsetzung im Rahmen der Prinzipal-Agenten-Theorie befasst ist, mag sich ausschnittweise in folgender Form präsentieren:

Symbolverzeichnis

u_i Nutzenfunktion des Agenten i
v Nutzenfunktion des Prinzipals
c_i Funktion der Anstrengungskosten des Agenten i
z_i Anstrengungsniveau des Agenten i
.
.
.

i Index für die Agenten
.
.

Abbildung 11: Beispiel für Symbolverzeichnis

Innerhalb der Literaturauswertung und schließlich bei vollzogenen Literaturanlehnungen oder –übernahmen ist sorgfältig darauf zu achten, ob und inwieweit dort verwendete Symbole mit der in der eigenen Arbeit verwendeten Symbolik übereinstimmen.

---

[34] Welche Symbole als gängig gelten können, lässt sich nur im Hinblick auf den jeweiligen Leserkreis entscheiden. Als Grundempfehlung ergibt sich folglich: Im Zweifelsfall in das Symbolverzeichnis aufnehmen und im Text bei der Erstverwendung (eventuell über eine Fußnote) erläutern!

Zu (3): **Abbildungsverzeichnis/Tabellenverzeichnis**

Zumindest bei kürzeren wissenschaftlichen Arbeiten (und damit bei Seminar-, Bachelor-, Master- und Diplomarbeiten) ist die Aufspaltung in ein Verzeichnis der Abbildungen und ein Verzeichnis der Tabellen nicht zwingend notwendig. Üblich ist für diese Arbeiten lediglich die Anlage eines (Tabellen und Abbildungen vereinigenden) Darstellungsverzeichnisses.

Die Darstellungen werden in der Reihenfolge, in der sie im Text der Arbeit erscheinen, durchnummeriert und in dieser Reihenfolge mit ihrer jeweiligen Bezeichnung und Seitenangabe ins Darstellungsverzeichnis aufgenommen.

Unter ‚Bezeichnung' ist die Unterschrift zu verstehen, die der Darstellung im Text zu ihrer inhaltlichen Kennzeichnung gegeben wurde.

Ausschnittweise kann ein Darstellungsverzeichnis folgendes Bild zeigen:

Darstellungsverzeichnis	Seite
Darstellung 1: Material-Portfolio	7
Darstellung 2: Einschätzung des Verpackungsausmaßes bei Lebensmitteln	12
Darstellung 3: Grad des Umweltbewusstseins im Konsumverhalten	14

Abbildung 12: Beispiel für Darstellungsverzeichnis

3. Zitierweise

aa. Basisbemerkungen

Die folgenden Hinweise zum Zitieren unterrichten über die im Allgemeinen erwarteten Formen bzw. die üblicherweise akzeptierten Varianten des Zitierens. Es sei aber bereits eingangs sehr nachdrücklich darauf hingewiesen, dass die **Zitierrichtlinien** bestimmter Fachbereiche, Fakultäten oder Professuren davon im Einzelnen abweichen können. Deshalb ist es unabdingbar, sich jeweils nach der Existenz **spezieller Zitierrichtlinien** zu erkundigen, und diese im gegebenen Fall **strikt zu befolgen!**

Zitierabkürzungen

a. a. O.	= am angeführten Ort
Aufl.	= Auflage
Bd.	= Band
ders.	= derselbe
dies.	= dieselbe(n)
Diss.	= Dissertation
ebd.	= ebenda
et al.	= et alii (und andere [Autoren])
f.	= folgende (Seite)
ff.	= fortfolgende (Seiten)
Forts.	= Fortsetzung
H.	= Heft
Habil.	= Habilitationsschrift
Hrsg.	= Herausgeber
hrsg. v.	= herausgegeben von
ibd.	= ibidem (ebenda)
Jg.	= Jahrgang
loc. cit.	= loco citato (am angeführten Ort)
N. N.	= nomen nominandum (der zu nennende [unbekannte] Name) oder nomen nescio (den Namen weiß ich nicht/Name unbekannt)
Nr.	= Nummer (bei englischsprachigen Quellen No.)
o. J.	= ohne Jahresangabe
o. O.	= ohne Ortsangabe
o. V.	= ohne Verfasserangabe
pass.	= passim (da und dort/verstreut)
S.	= Seite(n)
s.	= siehe
Sp.	= Spalte(n)
u. a.	= und andere (Autoren oder Verlagsorte)
Verf.	= Verfasser
Vgl.	= Vergleiche
Vol.	= Volume (Band)
zit. nach	= zitiert nach

Abbildung 13: Zitierabkürzungen

So wird beispielsweise die bei den Zitierabkürzungen berücksichtigte ff-Zitierweise nicht allgemein akzeptiert. Es lässt sich gegen diese Zitierform einwenden, dass sie die Schlussseite der jeweiligen Bezugnahme nicht angibt. Denn ein Vermerk ‚S. 15 ff.‘ besagt lediglich, die Bezugnahme beginnt auf S. 15 und umfasst die ‚fortfolgenden‘ Seiten. Der Zitiervermerk ‚S. 15–19‘ kennzeichnet demgegenüber auch das Ende der Bezugnahme.

Die hiesigen Hinweise zum Zitieren setzen voraus, dass die anstehende wissenschaftliche Arbeit ein Literaturverzeichnis enthält.

Zurückgegriffen wird auf die beim Zitieren üblichen Abkürzungen (vgl. Abbildung 13). Diese Abkürzungen braucht man in das zuvor angesprochene Abkürzungsverzeichnis einer wissenschaftlichen Arbeit nicht aufzunehmen, da sie in der Wissenschaft als allgemein bekannt vorausgesetzt werden (können).

‚Auslassung eines Wortes‘ über zwei Auslassungspunkte
BEISPIEL: „Zur Absicherung einer derartigen Entscheidung sind ... zuvor die Ursachen für die negativen Deckungsbeiträge zu ergründen.“

‚Auslassung von zwei oder mehr Worten‘ über drei Auslassungspunkte
BEISPIEL: „Zur Absicherung einer derartigen Entscheidung sind ... die Ursachen für die negativen Deckungsbeiträge zu ergründen.“

‚Vorgenommene oder unterlassene Hervorhebungen (Sperrungen, Unterstreichungen, Fettdrucke)‘ durch eine entsprechende Anmerkung in Klammern
BEISPIEL: „Zur Absicherung einer derartigen Entscheidung sind allerdings **zuvor** (Hervorhebung/Fettdruck eingefügt – A. B./D. A.) die Ursachen für die negativen Deckungsbeiträge zu ergründen.“

‚Einfügungen‘ durch eine entsprechende Anmerkung in Klammern
BEISPIEL: „Zur Absicherung einer derartigen Entscheidung sind allerdings zuvor die Ursachen für die negativen Deckungsbeiträge (und Möglichkeiten zur Beseitigung der Ursachen – Einfügung A. B./ D. A.) zu ergründen.“

Abbildung 14: Behandlung von Veränderungen wörtlicher Zitate

Sinngemäße Zitate werden in den Fußnoten mit dem einleitenden ‚Vgl.‘ dokumentiert, wörtliche Zitate erscheinen in den Fußnoten ohne ein entsprechendes Einleitungswort. Die wörtlichen Zitate sind im Text in An-/Ausführungszeichen zu setzen. Sie müssen absolut wort- und zeichengetreue Übernahmen sein. Jede vorgenommene Veränderung ist kenntlich zu machen (vgl. Abbildung 14).

Fremdsprachliche wörtliche Übernahmen werden generell nur aus dem Englischen akzeptiert. Zu allen anderen fremdsprachlichen wörtlichen Zitaten sind Übersetzungen (unter Angabe der Übersetzerin oder des Übersetzers) zu liefern.

bb. Vollbeleg und Kurzbeleg

Die zum Zitieren notwendigen Daten werden bereits während der Grundrecherchen erfasst. Sie sind entweder im Vollbeleg oder im Kurzbeleg zu dokumentieren. In jüngerer Zeit setzt sich in den Wirtschafts- und Sozialwissenschaften mehr und mehr die Kurzbeleg-Zitierweise durch, während die Vollbeleg-Zitierweise immer weniger verwendet wird. In anderen Fächern, z. B. Jura, sind allerdings spezielle Varianten der Vollbeleg-Zitierweise nach wie vor üblich.

11. Vollbeleg

Vollbeleg bedeutet, dass die folgenden Daten zumindest beim Erstbezug auf die betreffende Quelle vollständig in Fußnoten anzugeben sind:

▸ Bücher → Autorin oder Autor mit Vornamen, Buchtitel, Auflage, Verlagsort, Verlagsjahr, Seite(n)

▸ Artikel in Sammelwerken → Autorin/Autor des Artikels mit Vornamen, Titel des Artikels, Herausgeberin/Herausgeber des Sammelwerkes mit Vornamen, Titel des Sammelwerkes, Auflage, Verlagsort, Verlagsjahr, Seite(n)

▸ Artikel in Zeitschriften → Autorin/Autor des Artikels mit Vornamen, Titel des Artikels, Bezeichnung der Zeitschrift, Jahrgang/Jahr, Seite(n)

▸ Auskünfte → Form der Auskunft (mündlich, telefonisch, schriftlich), Name und Vorname sowie Titel, Position/Stellung der auskunftgebenden Person, Datum der Auskunft.[35]

---

[35]   Im Übrigen sei auf S. 8 f. dieser Schrift zurückverwiesen.

BEISPIELE

Buchzitat

„Sowohl reaktiv als auch aktiv angelegtes Marketing bedarf umfassender … Kenntnisse zum gegebenen Verhalten … und … den Verhaltensdispositionen der Käufer."[1]

[1]   A. Bänsch, Käuferverhalten, 9. Aufl., München 2002, S. 1.

Abbildung 15: Beispiel für Buchzitat (Vollbeleg)

Sammelwerkzitat

„Der ökologische Vorwurf gegen die Verpackungskomponenten, die ‚lediglich' zur optischen Aufwertung von Produkten eingesetzt werden, entspricht dem gegen die Stilobsoleszenz …"[1]

[1]   A. Bänsch, Produktmanagement zwischen ökologischen Forderungen und ökonomischen Zielen, in: J. Jokisch u. a. (Hrsg.), Finanz-, Bank- und Kooperationsmanagement, Festschrift zum 65. Geburtstag von H. Lipfert, Frankfurt/M. 1989, S. 26.

Abbildung 16: Beispiel für Sammelwerkzitat (Vollbeleg)

Zeitschriftenzitat

Als besondere Frage stellt sich in diesem Zusammenhang, ob und inwieweit man durch Furchtappelle zum Kauf motivieren kann.[1]

[1]   Vgl. A. Bänsch, Zur Verwendung von Furchtappellen in der Werbung und im Persönlichen Verkauf, in: Jahrbuch der Absatz- und Verbrauchsforschung, Jg. 33 (1987), S. 304–318.

Abbildung 17: Beispiel für Zeitschriftenzitat (Vollbeleg)

Auskunftszitat

Nach einer Information aus der xy-Branche würde dort die Elimination der traditionellen Produkte zugunsten konsequent ökologiefreundlicherer Produkte zu einem Kostenanstieg von mindestens 25 % führen.[1]

[1]   Schriftliche Auskunft durch Herrn Dr. Peter Meier, Geschäftsführer des Verbandes der xy-Hersteller vom 25.11.11

Abbildung 18: Beispiel für Auskunftszitat (Vollbeleg)

Zeichnen für eine bestimmte Quelle **mehrere Autorinnen oder Autoren** oder **Herausgeberinnen oder Herausgeber** verantwortlich, so ist es in der Vollbeleg-Zitierweise wegen des damit verbundenen Platzbedarfes nicht üblich, alle Namen anzuführen. In der Regel wird nur die in der betreffenden Quelle erstangeführte Person genannt und mit dem Zusatz ‚u. a.' bzw. ‚et al.' darauf hingewiesen, dass die betreffende Schrift von einem Team stammt.

Entsprechend wird hinsichtlich **mehrerer Verlagsorte** verfahren. Angeführt wird nur der in der jeweiligen Publikation erstgenannte Verlagsort mit dem Zusatz ‚u. a.'. Im Literaturverzeichnis sind dann jedoch selbstverständlich alle Autorinnen und Autoren bzw. Herausgeberinnen und Herausgeber aufzuführen.

Bezieht man sich **mehrfach** auf **dieselbe Quelle,** so werden im Allgemeinen[36] Verkürzungen akzeptiert.

Beispiele

(1) **Unmittelbar aufeinanderfolgende Verwendung derselben Quelle:**
                              TEXT

---

[1]   A. Bänsch, Einführung in die Marketing-Lehre, 4. Aufl., München 1998, S. 15

2   Ebenda, S. 33

(2) **Auseinandergezogene Verwendung derselben Quelle:**
                              TEXT

---

[1]   A. Bänsch, Einführung in die Marketing-Lehre, 4. Aufl., München 1998, S. 167

2   H.-L. Haas, Ein Dyopolmodell mit Gleichgewichtslösungen, Wiesbaden 1976, S. 9 f.

3   A. Bänsch, Marketing-Lehre, a. a. O., S. 180

Abbildung 19: Beispiele für Zitierweise bei Mehrfach-Verwendung einer Quelle (Vollbeleg)

---

[36]   Es sei nochmals auf eventuell abweichende, aber von bestimmten Fachbereichen/Fakultäten/Prüfern für verbindlich erklärte Zitierrichtlinien verwiesen.

In der Situation, die im Beispielstext (2) abgebildet wird, die Fußnote 3 auf

> [3] A. Bänsch, a. a. O., S. 180.

zu verkürzen, wäre nur zulässig, wenn in der betreffenden Arbeit keine weiteren Quellen derselben Autorin oder desselben Autors herangezogen wurden und das Literaturverzeichnis damit auch keine weiteren Quellen unter diesem Namen enthält.

Im Falle der Bezugnahme auf **mehrere Quellen einer Autorin oder eines Autors** ist in jedem Fall eine Kurzangabe zum jeweiligen Titel erforderlich, die dessen eindeutige und mühelose Identifikation ermöglicht.

BEISPIEL

TEXT

[1] A. Bänsch, Einführung in die Marketing-Lehre, 4. Aufl., München 1998, S. 40 f.

[2] A. Bänsch, Käuferverhalten, 9. Aufl., München 2002, S. 24.

[3] A. Bänsch, Verkaufspsychologie und Verkaufstechnik, 8. Aufl., München 2006, S. 71.

[4] H. Meffert, Marketing, 7. Aufl., Wiesbaden 1986, S. 447.

[5] Vgl. A. Bänsch, Verkaufspsychologie, a. a. O., S. 74 f.

[6] Vgl. A. Bänsch, Marketing-Lehre, a. a. O., S. 79 f.

[7] A. Bänsch, Käuferverhalten, a. a. O., S. 28.

Abbildung 20: Beispiel für Zitierweise bei Verwendung mehrerer Quellen einer Autorin oder eines Autors (Vollbeleg)

22. Kurzbeleg

Gegenüber dem Vollbeleg sprechen der geringere Schreibaufwand und die bessere Übersichtlichkeit eindeutig für den **Kurzbeleg.**[37] Diese Belegweise setzt sich in jüngerer Zeit in der wirtschafts- und sozialwissenschaftlichen Literatur eindeutig durch und wird überwiegend verwendet.

Zwingende Voraussetzung für die Verwendung der Kurzbeleg-Zitierweise ist die Existenz eines Literaturverzeichnisses. Dieses ist bei dieser Belegweise ausschließ-

---

[37] Für den Vollbeleg spricht lediglich, dass er den Blick ins Literaturverzeichnis erspart.

lich alphabetisch und innerhalb der alphabetischen Ordnung chronologisch anzulegen; jegliche Gruppierung nach bestimmten Quellentypen (z. B. eine Gruppierung in Bücher, Beiträge in Sammelwerken, Zeitschriftenaufsätze) hat zu unterbleiben. Unter diesen Vorbedingungen reichen zur eindeutigen Identifizierung von Quellen folgende Angaben:

BEISPIEL

TEXT

[1] Bänsch (2006), S. 40 f.
[2] Bänsch (2006), S. 24.
[3] Bänsch (2006), S. 71.

Abbildung 21: Beispiel für Zitierweise im Kurzbeleg

Zieht man von einer Person mehrere Quellen aus einem Jahr heran, so wird die Eindeutigkeit durch Kleinbuchstaben-Zusätze hergestellt, die dann im Literaturverzeichnis eindeutig den Quellen zugeordnet werden.

BEISPIEL

TEXT

[1] Bänsch (2002 a), S. 71 f.
[2] Vgl. Bänsch (2002 b), S. 363.

Abbildung 22: Beispiel für Zitierweise bei Verwendung mehrerer Quellen einer Autorin oder eines Autors aus einem Jahr im Kurzbeleg

Die Kurzbeleg-Technik ermöglicht auch, völlig auf die entsprechenden Fußnotenausweise zu verzichten und zwecks Platzersparnis die textintegrierte Zitierform zu wählen (vgl. Abbildung 23). Dies ist die heute in vielen wirtschafts- und sozialwissenschaftlichen Zeitschriften übliche Zitierweise, die sich aufgrund ihrer Einfachheit und Klarheit mehr und mehr durchsetzt.

Im Bemühen um konsequente Verminderung des Zitieraufwandes wird dabei teilweise auch auf das beim sinngemäßen Zitieren sonst übliche ‚Vgl.' verzichtet. Wörtliche Zitate sind dann nur noch durch die Aus-/Anführungszeichen kenntlich zu machen.

BEISPIEL

Angesprochen sind damit allgemein verkaufspsychologische und verkaufstechnische Schulungen der Verkaufsorganisation, die unter Berücksichtigung der jeweiligen rechtlichen Möglichkeiten (Ahlert/Schröder, 1989, S. 278–282) den vorliegenden Erkenntnisrahmen zum Einkaufsverhalten des Handels spiegeln (Bänsch 2002 a, S. 211–224).[38]

Abbildung 23: Beispiel für textintegriertes Zitieren (Kurzbeleg)

cc. Sekundärbelege

Im Block A dieser Schrift wurde bereits begründet, dass **Sekundärzitate grundsätzlich unzulässig** sind, und man die Recherchen folglich jeweils bis zur Primärquelle zu vollziehen hat. Toleriert werden Sekundärzitate **nur** dann, wenn glaubwürdig erscheint, dass die Primärquelle überhaupt nicht oder nicht mit einem vertretbaren Aufwand erreichbar war. Unabdingbar ist dann (sowohl aus Gründen der wissenschaftlichen Redlichkeit als auch zur eigenen Absicherung) die Offenlegung der sekundären Bezugnahme.

BEISPIEL

TEXT

[1] Vgl. P. Niles, The Relationship of Susceptibility and Anxiety to Acceptance of Feararousing Communications, Unpublished Diss. Yale 1964, zit. nach M. L. Ray, W. L. Wilkie, Fear: The Potential of an Appeal Neglected by Marketing, in: Journal of Marketing, Vol. 34 (Jan. 1970), S. 59.

Abbildung 24: Beispiel für Sekundärzitieren (Vollbeleg)

---

[38] Wie ein Literaturverzeichnis auszusehen hat, welches die notwendigen Voraussetzungen für diese Zitierform erfüllt, wird weiter unten im Text dargestellt.

dd.   Mehrfachbelege

Gibt es zu einem bestimmten (Teil-)Aspekt in der Literatur mehrere Fundstellen, so lässt sich darüber die besondere Einigkeit/Übereinstimmung oder auch Uneinigkeit/Widersprüchlichkeit im vorliegenden Erkenntnisstand dokumentieren. Es erscheint dann notwendig, das Literatur**spektrum** zu spiegeln. Die jeweilige Textstelle ist folglich mit mehreren Literaturangaben zu versehen.

Um Leserinnen und Lesern die Literaturentwicklung anzuzeigen, müssen die entsprechenden Quellen in chronologischer Reihenfolge erscheinen; spielt die Literaturentwicklung keine Rolle, können die Quellen in alphabetischer Reihenfolge aufgeführt werden. Dabei können Zusätze wie ,übereinstimmend', ,ebenso' bzw. ,anders', ,gegenteilig' zur Kennzeichnung von Übereinstimmungen und Abweichungen verwendet werden. Zur Erleichterung des Überblicks können die Zusätze durch **Unterstreichung** oder **Fettdruck** hervorgehoben werden.

BEISPIEL

TEXT

[1]   Vgl. Raffée u. a. (1973), S. 64 f.; **übereinstimmend** Weber (1978), S. 190 f.; **anders** Bänsch (2002), S. 69 f.

Abbildung 25: Beispiel für Mehrfachbelege (Kurzbeleg)

ee.   Internet-Belege

Exklusiv im Internet erscheinende Dokumente erweitern den verfügbaren Materialfundus. Die Verwendung dieses Materials ist selbstverständlich zitierpflichtig, und zwar mit der Angabe der vollständigen URL-Adresse und des jeweiligen Abrufdatums.

Da das Internet-Material häufig nur zeitlich befristet zur Verfügung steht, ist die Nachvollziehbarkeit des Zitats für andere und seine Kontrollierbarkeit durch einen Ausdruck und ggf. zusätzlich durch eine elektronische Speicherung der Datei zu gewährleisten, die – je nach Anforderung – in die Arbeit schriftlich (→ Anhang) einzufügen oder auf einem elektronischen Speichermedium für die Prüferin oder den Prüfer verfügbar zu halten oder der Arbeit beizulegen ist.

BEISPIEL ALLGEMEINE INTERNETINFORMATION

Text/Zahlendarstellung

Vgl. zu den Zahlen Internetinformationen des Bundesministeriums X: http://www.bm-X.keyfacts.Haushaltszahlen2002_1233.de, S. 6 von 13, abgerufen am 23.08.2002

Abbildung 26: Beispiel für Internetbeleg (Vollbeleg)

Dieses Beispiel bezieht sich auf online veröffentlichte Haushaltszahlen, die für die Argumentation in den eigenen Ausführungen verwendet wurden. Die Autorin oder der Autor teilt in der Fußnote zunächst mit, von welcher Institution die Informationen publiziert sind. Ferner wird klar, dass es sich um eine internetgestützte Information handelt. Die interessierte Leserin bzw. der interessierte Leser gelangt durch Eingabe der Internetadresse direkt zum Angebot, sofern dieses noch online ist und nicht geändert wurde. Die Seitenangabe erleichtert das Auffinden der verwendeten Information. Sie sollte jeweils auch die Seitenhöchstzahl umfassen. Letzteres ist sinnvoll, da verschiedene Drucker oder Druckereinstellungen umfangreichere Informationsangebote in unterschiedlicher Seitenzahl verarbeiten. Durch die relative Nennung der Seitenzahl kann die zitierte Stelle leichter aufgefunden werden. Die Seitenangaben sollten auch auf dem anzufertigenden Ausdruck erscheinen oder in der elektronischen Sicherungskopie aufscheinen.

BEISPIEL ZEITUNGSARTIKEL AUS INTERNET

Text des Zeitungsartikels[1]

---

1. Vgl. Müller, A., Bundeshaushalt 2002 entspricht den Erwartungen, Frankfurter Allgemeine Presse, 05.08.2002, S. 7, entnommen aus Internetinformationen des Bundesministeriums X: http://www.bm-X.keyfacts.Haushaltszahlen2002_1233.-presse.pdf, S. 1 von 2, abgerufen am 23.08.2002

Abbildung 27: Beispiel für Internetbeleg (Vollbeleg)

Im hier aufgeführten Beispiel wird ein Artikel zitiert, der online zugänglich war. In diesem Fall stehen zunächst entsprechend der Vorgehensweise des klassischen Zitierens die Autorin bzw. der Autor, der Titel, das Datum, bzw. die Ausgabe der Zeitschrift und die Seitenzahl, darauf folgt der Verweis auf den Zugang zu der Quelle. Ähnlich ist bei einer im Internet veröffentlichten Rede zu verfahren:

BEISPIEL REDETEXT AUS INTERNET

Text der Rede[1]

1. Vgl. Schmidt, A., Bundeshaushalt 2002 ist solide finanziert, Rede anlässlich der Haushaltsdebatte des deutschen Bundestages vom 07.08.2002, entnommen aus Internetinformationen des Bundesministeriums X: http://www.bm-X.key-facts.Haushaltszahlen2002_3223.reden.pdf, S. 1 von 2, abgerufen am 23.08.2002

Abbildung 28: Beispiel für Internetbeleg (Vollbeleg)

4.   Anmerkungen

Fußnoten enthalten entweder, wie oben schon beschrieben, Quellenangaben zu Zitaten oder andere Anmerkungen zum Text. Die gängigsten Inhalte anderer **Anmerkungen** sind:

(1) Vor- und/oder Rückverweise
(2) Zusatzinformationen zum Text.

Zu (1): **Vor und/oder Rückverweise**

Ist im Text ein bestimmter (Teil-)Aspekt mehrfach aufzunehmen, so sollte sich dies ohne reine Wiederholungen vollziehen. Für die Umsetzung dieses Anspruches sind Vor- und/oder Rückverweise hilfreich. Teils ist darauf zu verweisen, dass bestimmte Punkte bereits an früherer Stelle behandelt wurden, teils wird die später folgende Behandlung angezeigt.

Ergeben sich in einer wissenschaftlichen Arbeit relativ viele Verweise auf folgende Textstellen, so sollte dies dazu veranlassen, den Aufbau/die Gliederung der betreffenden Arbeit zu überdenken. Es mag sich dann herausstellen, dass ein Vorziehen bestimmter Punkte geboten ist.

BEISPIEL

Textausschnitt
„Werden für bestimmte Leistungen zu verschiedenen Zeitpunkten verschiedene Preise verlangt, so spricht man von zeitlicher Preisdifferenzierung. Beispiele sind Tag- und Nachttarife, Wochentags-, Wochenend- und Feiertagspreise, Sommer- und Winterpreise, aber auch Einführungs- und Folgepreise. "[211]

---

[211]   Zur Frage des Einführungspreises vgl. auch den Gliederungspunkt „Preispolitik bei Neuprodukten" (S. 198–201).

Abbildung 29: Beispiel für ‚Vor-/Rückverweis'

Zu (2): **Zusatzinformationen zum Text**

Informationen, die für das Verständnis des Textes oder die Lückenlosigkeit der Argumentation im Text unabdingbar sind, dürfen nicht in Fußnoten verlagert werden. Verstöße gegen diese Forderung bedeuten, dass Leserinnen und Leser zwischen Text und Fußnoten hin und her springen müssen. Der Text sollte also **ohne** die Fußnoten voll verständlich und in sich geschlossen sein. Lediglich Zusatzinformationen im Sinne von ‚für alle oder für bestimmte Leserinnen oder Leser (eventuell) von zusätzlichem Interesse' dürfen in den Anmerkungen erscheinen.

Solche Zusatzinformationen können Beispiele, Erklärungen/Erläuterungen und sonstige Hinweise sein. Sie werden aus dem Text herausgenommen und in die Fußnoten ausgegliedert, wenn sie im Text den Argumentations-/Beleg-/Beweisfluss stören würden. Zur Demonstration mögen die folgenden Beispiele[39] dienen:

---

[39]   Alle Beispiele entstammen A. Bänsch, Einführung in die Marketing-Lehre, 4. Aufl., München 1998. Entsprechend bezeichnen die jeweils angegebenen Seiten die Fundstelle in dieser Quelle.

Anmerkung mit ergänzenden Aussagen zum Text
Textauszug (Bänsch, 1998, S. 259)
„Maßnahmen der Verkaufsförderung (u. a. Angebot von Schulungen für den Handel bei Beratungsbedürftigkeit des Produktes, Angebot von Präsentationshilfen, Gewährung von Einführungsrabatten) sollen das betreffende Produkt in die Absatzkanäle hineindrücken (push-Methode).[353]

---

[353] Dabei ist in den Planungen zu berücksichtigen, dass der dadurch entstehende Pipeline-Effekt (Auffüllung der Handelsläger) dann in der Folge zu vorübergehenden Umsatzeinbrüchen führen kann, da der Handel erst nach entsprechendem Abverkauf nachordern wird."

Abbildung 30: Beispiel für ‚Ergänzungs-Anmerkung'

Anmerkung mit längerem Beispiel
Textauszug (Bänsch, 1998, S. 195)
„Bei der … dreifachen Preisdifferenzierung ist zwar vorstellbar, dass sich die Mehrkosten für die Luxusvariante und die Minderkosten für die Einfachvariante auf die Kosten der Standardvariante ausgleichen,[210] zwingend wäre dies jedoch nicht. …

---

[210] Als konkretes Beispiel einer dreifachen Differenzierung könnte das Produkt ‚Seife' dienen. Ist Standardvariante eine in bestimmter Form markierte und einfach verpackte (Papier- oder einfache Kartonverpackung) Seife, so ließe sich zu der gleichen Seife dadurch eine Luxusvariante schaffen, dass ein vornehm klingender Name (z. B. ein französischer Name) und eine extravagante Verpackung (z. B. Seidenverpackung und/oder Verpackung in Edelholzkästchen) gewählt wird. Eine Einfachvariante ließe sich leicht dadurch gewinnen, dass man die Markierung und Verpackung völlig fortfallen lässt und die Seife damit als unmarkierte Nacktseife anbietet. In diesem Fall würde die Differenzierung weitgehend im Äußerlichen bleiben und im Durchschnitt kaum zu wesentlichen Kostenverschiebungen führen."

Abbildung 31: Beispiel für ‚Beispiel-Anmerkung'

Anmerkung mit Erläuterungen zum Text
Textauszug (Bänsch, 1998, S. 254 f.)
„Die praktische Anwendbarkeit dieses Verfahrens scheitert jedoch meistens schon daran, dass die Wirksamkeitsfunktionen von Absatzkonzeptionen in der Regel als nicht-linear anzunehmen sind.[345].

---

[345] Linearität bedeutet, dass die Beziehungen verschiedener Variablen zueinander eine geradlinige Darstellung ergeben. Die Veränderung um eine Einheit bei einer Variablen führt zu einer jeweils konstanten Veränderung bei der mit ihr in Beziehung stehenden Variablen.
Die Erhöhung des Werbeetats um z. B. 1 000 GE würde dann jeweils eine Umsatzsteigerung von z. B. 10 000 GE nach sich ziehen. Das aber erscheint unrealistisch."

Abbildung 32: Beispiel für ‚Erläuterungs-Anmerkung'

Anmerkungen mit Definition
Textauszug (Bänsch, 1998, S. 128)
„Service wird hier folglich als eine Zusatzleistung gesehen, die verbesserte Voraussetzungen für die Absetzbarkeit der Grundleistung (Warenleistung oder Dienstleistung)[107] schaffen soll, indem sie der Anbahnung, der Durchführung und/oder der Erhaltung von Absatzleistungen dient.

---

[107] Selbst als Grundleistung einzustufende Dienstleistungen (z. B. vom Friseur-handwerk, von Party- oder Reinigungsdiensten) fallen damit nicht unter den Begriff des Service im hier verwendeten Sinn."

Abbildung 33: Beispiel für ‚Definitions-Anmerkung''

Anmerkung mit Hinweis auf weiterführende/vertiefende Literatur
Textauszug (Bänsch, 1998, S. 45)
„Im persönlichen Verkauf beispielsweise kann der Verkäufer also die Wahrscheinlichkeit für einen erfolgreichen Abschluss und für Wiederholungen durch ein Verhalten erhöhen, das der Kunde als belohnend empfindet. Entsprechend hat der Verkäufer seinem Kunden über sprachliche und nicht-sprachliche Kommunikationselemente Zustimmung, Lob, Anerkennung, Bewunderung zu senden.[110]

---

[110]   Siehe zu weiteren Ausführungen: A. Bänsch, Verkaufspsychologie und Verkaufstechnik, 9. Aufl., München 2013, S. 62–68."

Abbildung 34: Beispiel für ‚Literatur-Anmerkung'

(Mess)-technische Anmerkung
Textauszug (Bänsch, 1998, S. 224)
„Dem Konsumenten 1 erscheint die Marke 1 moderner als die Marke 2, die Marke 2 liegt damit seiner Idealvorstellung von dieser Produktart näher als die Marke 1; die Distanz zur Marke 2 ist also geringer.[265]

---

[265]   Die Distanz lässt sich hier durch einfaches Ausmessen der Punktabstände $(K_1 - M_2$ bzw. $K_1 - M_1)$ feststellen."

Abbildung 35: Beispiel für (mess-)technische Anmerkung

b.   Abschnittsspezifische Hinweise

Im Rahmen der Ausführungsbegleitung sind zu den im Block A dieser Schrift formulierten Grundansprüchen an den Basis-, den Kern- und den Schlussabschnitt einer wissenschaftlichen Arbeit Konkretisierungen hinzuzufügen.

1.   Basisabschnitt

Im Basisabschnitt kann man mit einer ‚Einleitung' beginnen, der Ausführungen zur ‚Fragestellung/Problemstellung', zum ‚Gang der Untersuchung' und ggf. zu den ‚Begriffsdefinitionen/-kennzeichnungen' zu folgen haben.

aa.   Einleitung

Falls dem Gliederungspunkt ‚Fragestellung/Problemstellung' überhaupt eine ‚Einleitung' vorausgeschickt wird, so lautet die **Grundregel** für diese **Einleitung: Kurz halten!**

Da die ‚Einleitung' der ‚Fragestellung/Problemstellung' vorausgeht, kann sie nur die Funktion haben, die Bedeutung oder den ‚Stellenwert' des Themas in einem größeren Kontext/im Rahmen einer allgemeinen oder speziellen, einer bereits lang laufenden oder aktuellen Entwicklung anzuzeigen.

Die einleitenden Ausführungen ordnen das Thema also in einen größeren Kontext ein und versuchen von daher eine Hilfestellung für das Verständnis der ‚Fragestellung/Problemstellung' und ihrer aktuellen Bedeutung zu bieten. Dies erscheint nicht bei jeder Thematik erforderlich. Wird aber eine ‚Einleitung' geboten, weil man sie für zweckmäßig hält, so ist nicht weit auszuholen, sondern schnellstmöglich auf die ‚Fragestellung/Problemstellung' hinzuführen.

Im gegebenen Fall sollte man auf die Formulierung der ‚Einleitung' bei Erstellung der Erstfassung nur wenig Zeit verwenden. Denn eine entsprechend hilfreiche Einleitung lässt sich sowieso erst mit dem entsprechenden Über- und Durchblick endgültig formulieren. Folglich kann sich sogar empfehlen, die ‚Einleitung' überhaupt erst nach Niederschrift der gesamten Erstfassung zu schreiben. Sonst ist jedenfalls dringend zu raten, die vorläufig formulierte ‚Einleitung' in der Überarbeitungsphase auszufeilen. Es sollte dann als Gliederungsüberschrift auch nicht schlicht ‚Einleitung' gesetzt werden, sondern eine den **Inhalt der ‚Einleitung' kennzeichnende Überschrift.**

bb.   Fragestellung/Problemstellung

Bereits im Block A dieser Schrift wurde herausgestellt, dass die Umsetzung des Themas in eine klare, themenadäquate Fragestellung unabdingbare Voraussetzung für das Gelingen einer wissenschaftlichen Arbeit ist.

Im Unterschied zur ‚Einleitung' ist die ‚Fragestellung/Problemstellung' in jedem Fall **vor** Niederschrift der sonstigen Erstfassung zu konzipieren. Man benötigt eine klare, themenadäquate Fragestellung: Ohne definierte **Fragestellung** entstehen in der Regel keine klaren, auf die Beantwortung dieser Fragestellung fokussierten Ausführungen; ohne **themenadäquate Fragestellung** sind entweder überhaupt keine themenbezogenen oder zumindest keine den Fragenkreis des Themas angemessen ausschöpfenden Ausführungen zu erwarten.

Da hier die entscheidende Weichenstellung erfolgt, seien zur Demonstration und Illustration vier Beispiele für Themenumsetzungen gegeben (vgl. Abbildungen 36 bis 39). Der Grad der dabei jeweils angeführten Breite und Tiefe entspricht eher einer Masterarbeit als einer Seminar- oder Bachelorarbeit.

THEMA
Ökologische Ziele im operativen und strategischen Zielsystem erwerbswirtschaftlicher Unternehmen

FRAGESTELLUNGEN:
(1) Sind empirisch ökologische Ziele in erwerbswirtschaftlichen Unternehmen Bestandteil des operativen und/oder strategischen Zielsystems (**Ist**zustand)?
    (a) Um welche ökologischen Ziele handelt es sich konkret?
    (b) Auf welcher Ebene in der Zielhierarchie sind die ökologischen Ziele eingeordnet?
(2) Welcher **Soll**zustand ist aus betriebswirtschaftlicher Sicht für die Integration ökologischer Ziele in das operative und/oder strategische Zielsystem begründbar?

Abbildung 36: Beispiel (1) für Ableitung der Fragestellung(en) aus dem Thema

THEMA
Genossenschaftsadäquate Programmpolitik

FRAGESTELLUNGEN:
(1) Welche programmpolitischen Ansätze sind grundsätzlich mit dem genossenschaftlichen Förderungsziel vereinbar?
(2) Wie sind die als grundsätzlich genossenschaftsadäquat einstufbaren Programmansätze im Einzelnen hinsichtlich der Zielsetzung(en) von Beschaffungs- und Verwertungsgenossenschaften auszugestalten (= Frage nach der jeweils optimalen Produktdifferenzierungs-, Produktlinien-, Diversifizierungs- und Servicepolitik)?
(3) Wie sind die unter (1) und (2) abgeleiteten Aussagen im Spiegel empirischer Befunde zu bewerten?

Abbildung 37: Beispiel (2) für Ableitung der Fragestellung(en) aus dem Thema

THEMA

Instrumente der Fehlzeitensteuerung im Betrieb – eine kritische Würdigung unter Berücksichtigung empirischer Befunde

FRAGESTELLUNGEN:

(1) Welche Instrumente der Fehlzeitensteuerung im Betrieb gibt es? Wodurch lassen sich diese charakterisieren?

(2) Welche Haupt- und Nebenwirkungen haben diese Instrumente bei Anwendung im Betrieb? Wie wirken diese Instrumente auf die Interessen des Arbeitgebers und der Arbeitnehmer?

(3) Welche empirischen Befunde zum Einsatz und zu den Wirkungen dieser Instrumente liegen vor?

Abbildung 38: Beispiel (3) für Ableitung der Fragestellung(en) aus dem Thema

THEMA

Furchtappelle in der marktgerichteten Kommunikationspolitik

FRAGESTELLUNGEN:

(1) Unter welchen Bedingungen erscheinen Furchtappelle in welcher Gestaltung für welche kommunikationspolitischen Ziele erfolgversprechend?

(2) Auf Basis der Antworten zu (1): Wie sind empirisch vollzogene Anwendungen von Furchtappellen zu beurteilen? Wie sind sie im Spiegel empirischer Befunde zu bewerten?

Abbildung 39: Beispiel (4) für Ableitung der Fragestellung(en) aus dem Thema

Die Fragestellung ist zunächst Ausdruck der Vorstellungen, die man vor Niederschrift der Erstfassung von dem zu bearbeitenden Thema entwickelt hat. Da dann bei Niederschrift der Erstfassung ein immer besserer Über- und Durchblick zum Thema entsteht, sollte man die vorläufig formulierte ‚Fragestellung/Problemstellung' für die Überarbeitungsphase zum ‚Feinputz' vorsehen. Damit soll aber keinesfalls signalisiert werden, man dürfe sich hinsichtlich der ‚Fragestellung/Problemstellung' zunächst bewusst Unschärfe, Unverbindlichkeit, Halbheit und/oder Oberflächlichkeit erlauben. Denn dies würde entsprechende ‚Dis-Qualitäten' für die Erstfassung programmieren.

Vielen Studierenden hilft es, sich das Thema und die zugehörige Fragestellung/Problemstellung (in vergrößerter Form) am Arbeitsplatz so aufzustellen oder aufzuhängen, dass der Blick zwangsläufig immer wieder darauf fällt. Eine Unterteilung der Gesamtfragestellung in Teilfragestellungen, die ggf. auch die Struktur der einzelnen Abschnitte der Arbeit widerspiegeln, kann ebenfalls hilfreich sein. So kommt immer wieder ins Bewusstsein, welchem Ziel die anstehenden wissenschaftlichen Bemühungen der Arbeit insgesamt und in den einzelnen Abschnitten zu dienen haben!

cc. Gang der Untersuchung

Unter dem Gliederungspunkt ,**Gang der Untersuchung**' ist der Leserin/dem Leser bzw. der Gutachterin/dem Gutachter mitzuteilen, auf welchem Weg/in welchen Ablaufschritten man die Fragestellung/Problemstellung behandeln wird. Erscheinen die angeführten Einzelschritte in ihrer Abfolge nicht aus sich selbst heraus verständlich, ist dazu jeweils eine kurze Begründung anzugeben. Die Autorin/der Autor schützt sich durch diesen Gliederungspunkt zusätzlich vor dem unkontrollierten ,Losschreiben' und erhöht die Wahrscheinlichkeit dafür, dass Leserinnen und Leser den Aufbau der Arbeit verstehen und akzeptieren.

Man sollte die Fragestellung/Problemstellung und den Gang der Untersuchung vor Beginn der Niederschrift der Erstfassung stichwortartig oder noch in Rohform in einem **kurzen Exposé (**bei Masterarbeiten i.d.R. max. 3 Seiten**)** niederlegen. Dieses Exposé kann eine sehr hilfreiche Grundlage für das Gespräch mit der Betreuerin oder dem Betreuer der Arbeit sein. Auf seiner Basis lässt sich sicherstellen, dass sich beide Seiten auf die gleiche Interpretation der Themenstellung verständigen und die Schwerpunktsetzung nicht nur in der Perspektive der Verfasserin oder des Verfassers, sondern auch in der Sichtweise der Betreuungsperson grundsätzlich richtig angelegt ist. Mit einem ,genehmigten' Exposé kann dann die Niederschrift der Problemstellung und des Gangs der Untersuchung mit geringerem Risiko, später noch grundsätzliche Änderungen durchführen zu müssen, erfolgen.

Für das zuvor mehrfach verwendete Themenbeispiel ,Furchtappelle in der marktgerichteten Kommunikationspolitik' kann der ,Gang der Untersuchung' vorläufig[40] etwa in folgender Weise formuliert werden:

---

[40]   Auch für diesen Gliederungspunkt gilt, dass seine Erstfassung der Überprüfung und des ,Feinputzes' in der Überarbeitungsphase bedarf.

Im Abschnitt A ist zunächst der Begriff ‚Furcht' themenadäquat abzugrenzen. Im Weiteren sind hier die marktgerichteten Kommunikationsinstrumente unter Hinweis auf ihre Zielsetzung zu registrieren. In Abschnitt B wird herausgearbeitet, welche Wirkungen Furchtappelle grundsätzlich zeigen können und welche Wirkungskette das Marketingmanagement im Hinblick auf die kommunikationspolitischen Ziele wünscht. Im Abschnitt C ist dann im Einzelnen zu prüfen, ob und inwieweit die Zielwirkungen von Furchtappellen durch Beeinflussung von Kommunikationsvariablen steuerbar sind. Die dabei gewonnenen Erkenntnisse werden im Abschnitt D in Folgerungen für den Einsatz kommunikationspolitischer Instrumente umgesetzt. Zum einen sollen hier Hilfen für die Entwicklung von Kommunikationskonzepten mit Furchtappellen gegeben werden, zum anderen zielen die Analysen darauf, vollzogene Anwendungen von Furchtappellen zu überprüfen und zu ihnen (im Falle nachweisbarer Effizienzdefizite) Verbesserungsvorschläge zu entwickeln. Dies soll anhand ausgewählter Anzeigenbeispiele geschehen. Die Zusammenfassung der Ergebnisse und ein Ausblick auf offene Fragen beschließen die Arbeit (Abschnitt E).

Abbildung 40: Beispiel für Text zum ‚Gang der Untersuchung'

dd.   Definitionen/Kennzeichnung von (thementragenden) Begriffen

Im Block A dieser Schrift wurde bereits generell auf die Notwendigkeit hingewiesen, die als Themenbestandteil erscheinenden **Begriffe** (im Basisabschnitt oder in den Grundlagenteilen des Kernabschnitts) **problemstellungsadäquat** zu **klären**. Je nach der Komplexität eines Begriffes (an sich oder der aus dem Kontext seiner Verwendung resultierenden Komplexität) kann sich eine kompakte Definition als angemessen erweisen oder eine auch das Begriffsumfeld ausleuchtende und Begriffsbestandteile kommentierende Kennzeichnung/Umschreibung des Begriffes erforderlich sein.

Aus dem Themenbeispiel ‚Furchtappelle in der marktgerichteten Kommunikationspolitik' sei hier nur der Begriff ‚Furcht' exemplarisch aufgenommen. Zu ihm erscheint eine Begriffskennzeichnung in etwa folgender Form zweckmäßig:

Umgangssprachlich wird der Begriff ‚Furcht' gleichbedeutend mit dem Begriff ‚Angst' verwendet. In der Wissenschaftssprache existiert allerdings folgende Differenzierung:[1] **‚Angst'** repräsentiert mehrdeutige und unbestimmte Gefühle der Bedrohung. Der Betroffene vermag dementsprechend keine gezielten Reaktionsmöglichkeiten zu ermitteln. Der Begriff **‚Furcht'** bezieht sich hingegen auf die Gefühle der Bedrohung, die in ihren Quellen/Ursachen eindeutig feststellbar sind. Entsprechend kann die betroffene Person hier auch Möglichkeiten zur Reduzierung ihrer negativ erlebten Erregung erkennen.

In diesem Sinne ist der Begriff ‚Furcht' auch im Themenkontext zu verstehen. Denn marktgerichtete Kommunikationspolitik will bestimmte Kaufreaktionen erreichen. Dazu wird kommuniziert: Es existieren bestimmte Bedrohungen (z. B. Karies und Parodontose); diesen ist nur mit regelmäßiger Verwendung eines bestimmten Produktes (z. B. bestimmte Zahnpasta) zu begegnen.

---

[1] Vgl. H. Krohne, Angst und Angstverbreitung, Stuttgart 1975, S. 17.

Abbildung 41: Beispiel für Text zur ‚Begriffs-Kennzeichnung'

2. Kernabschnitt

Im Kernabschnitt der Arbeit sind die Ankündigungen aus den Gliederungspunkten ‚Fragestellung/Problemstellung' und ‚Gang der Untersuchung' einzulösen.

Zur Realisierung dieses Zieles ist häufig ein punktuelles und gezieltes Nachrecherchieren von Literatur oder sonstigem Material notwendig. Zu warnen ist bei (den unter strenger Zeitbegrenzung und damit festem Abgabetermin stehenden) Studienarbeiten aber davor, sich beim Schreiben der Erstfassung so in Einzelfragen oder Details zu ‚verbeißen', dass die termingerechte Fertigstellung der Gesamtarbeit in Gefahr gerät. Nicht zu vergessen ist dabei auch, dass ein nicht zu knapper Zeitraum für die Überarbeitung verbleiben muss.

Stößt man also auf ein zunächst nicht/nicht optimal lösbares Teilproblem, sollte man sich zunächst fragen, ob dessen Lösung entscheidend für den weiteren Aufbau oder die weitere Argumentationskette ist.

Wenn ja, muss man sich selbstverständlich diesem Problem zunächst stellen und eine Lösung dafür suchen. Bei größeren oder grundsätzlichen Schwierigkeiten, die auch nach sorgfältiger Prüfung nicht allein lösbar sind, sollte man nicht zögern, bei den dafür zuständigen Betreuungspersonen um Hilfe nachzufragen.

Wenn nein, so sollte man sich nach Ablauf einer dafür vorgesehenen Lösungszeit fragen, ob dieses Problem nicht (überhaupt oder vorübergehend) ausgeklammert werden kann. Zum Teil lösen sich derartige Probleme im weiteren Verlauf der Arbeit nebenher. Auch wenn dies nicht der Fall ist, ist die Situation, dass (bis auf ein Teilproblem oder wenige Teilprobleme) im Wesentlichen die gesamte Argumentation bzw. der gesamte Text grundsätzlich ‚steht', ein nervenberuhigendes Polster, von dem aus dann später weniger verkrampft und damit erfolgversprechender neu über das noch offene Problem nachgedacht werden kann.

Zu vermeiden ist auf jeden Fall das Szenario, dass man aufgrund des ‚Nicht-Weitergehens' immer mehr Zeitdruck empfindet und davon schließlich quasi paralysiert wird. Erfahrungsgemäß hat es aus psychologischer Sicht erhebliche Vorteile, mit fortschreitender Zeit auch den Bestand an Erstfassungsseiten entsprechend wachsen zu sehen.

Ergänzend seien bereits zur Erstellung der Erstfassung des Kernteiles noch folgende **Hinweise** vermerkt:

▸ **Exkurse** im eigentlichen Sinne des Wortes haben in einer wissenschaftlichen Arbeit nichts zu suchen! Denn das vom lateinischen ‚excursio' stammende Wort Exkurs steht für ‚Ausflug/Ausfall/Abschweifung'. Das heißt, wird ein Exkurs angezeigt und tatsächlich vollzogen, so bedeutet dies nichts anderes, als dass man das Thema/die Themenfragen verlässt.

▸ Die **Überschrift** über dem **Kernabschnitt** muss deutlich erkennbar das Thema spiegeln. Denn im Kernabschnitt ist (nach den Vorbereitungen im Basisteil) die eigentliche Behandlung des Themas zu vollziehen. Folglich kann es sich bei dem Gliederungstext, der den Kernabschnitt inhaltlich kennzeichnet, nur um eine sprachliche Variation zur Themenformulierung handeln.

▸ Die **Gliederungspunkte** in der der Arbeit vorangestellten Gliederung müssen durchgehend voll identisch mit den im Text ausgewiesenen Gliederungspunkten bzw. Abschnittsüberschriften sein (identische Formulierungen und identischer Tiefegrad). Um dies sicherzustellen, sollte man stets mit den Formatvorlagen-Funktionen des jeweiligen Textverarbeitungsprogramms arbeiten, die Grundlage der automatischen Erstellung von Inhaltsverzeichnissen sind.

▸ Es kann als Arbeitshilfe hilfreich sein, auch für die einzelnen (Haupt-)Kapitel oder Gliederungspunkte (auf der ersten Ebene) die zugehörigen **(Teil-)Fragestellungen und einen Gang der Untersuchung** explizit stichwortartig zu notieren, und diese während der Arbeit an dem einzelnen Kapitel gut sichtbar am Arbeitsplatz zu platzieren. Dies hilft – gerade bei der Arbeit am Bildschirm – bei der Orientierung, welche Aussagen und Argumente in welchem Abschnitt des Kapitels eingeordnet werden sollen. Damit werden Wiederholungen, Schleifen und Lücken in der Argumentation vermieden.

▸ Wer bereits formulierte Textbausteine häufig mit der ‚Copy and Paste'-Technik innerhalb der Arbeit verschiebt, riskiert zahlreiche Wiederholungen und überflüssige Schleifen sowie falsche Bezüge. Hier empfiehlt sich ein ganz besonders gründliches, auf den Argumentsaufbau bezogenes Korrekturlesen!

3.   Schlussabschnitt

Der Schlussabschnitt dient in mehrfacher Hinsicht der **Abrundung der wissenschaftlichen Arbeit**. Zum einen wird hier zusammenfassend dokumentiert, dass die in der Fragestellung/Problemstellung formulierte Zielvorgabe vollständig eingelöst worden ist. Zudem können – je nach Thema – Abrundungen in folgenden Formen in Betracht kommen:

▸ Hinweise auf methodisch bedingte Einschränkungen im Gültigkeitsrahmen von Ergebnissen

▸ Hinweise auf (notwendigerweise) nicht behandelte, aber mit dem Thema verbundene Fragen, Ableitung von weiterem Forschungsbedarf

▸ Einschätzungen/Prognosen hinsichtlich der weiteren Entwicklung bestimmter Strukturen und/oder Prozesse und damit Hinweise zur voraussichtlichen zeitlichen Stabilität/Instabilität von Untersuchungsergebnissen.

Zu vermeiden ist auch im Schlussabschnitt alles, was auf eine Eigenbegutachtung hinausläuft. Zu Formulierungen wie

‚Damit konnten wissenschaftlich wertvolle Ergebnisse erzielt werden.'

‚Aus der lückenlos geschlossenen Argumentationskette ergab sich ...'

‚Der damit erzielte Fortschritt ist gegenüber der vorliegenden Literatur als sehr wesentlich einzustufen.'

sieht sich hoffentlich die Gutachterin oder der Gutachter der betreffenden Arbeit veranlasst. Seitens der Autorin oder des Autors sollte derartiges Eigenlob besser unterbleiben.

VII.   Überarbeitung

Bei den Hinweisen zur Niederschrift der Erstfassung wurde wiederholt vermerkt, dass die **Erstfassung nur** als **vorläufige Version** angesehen werden könne.

Dies gilt zunächst und häufig vor allem für den **Basisteil**. Seine Erstfassung wird unabänderlich auf der Basis eines noch unvollständigen Durch- und Überblicks geschrieben. Von daher repräsentiert der Basisteil einen revisionsanfälligen Plan, der sich in der Regel tatsächlich als revisionsbedürftig erweist. Dies ist ein ganz normaler Vorgang beim wissenschaftlichen Arbeiten, und dieser lässt sich auch problemlos realisieren, wenn der Zeitplan einen nicht zu knapp bemessenen Überarbeitungszeitraum vorsieht.

In der **Endfassung** müssen ohne jegliche Abstriche folgende Harmonien realisiert sein:

▶ Harmonie zwischen den im Schlussteil präsentierten Ergebnissen/Antworten und den in der ‚Fragestellung/Problemstellung' angekündigten Untersuchungsinhalten

▶ Harmonie zwischen dem angekündigten ‚Gang der Untersuchung' und dem tatsächlich vollzogenen Untersuchungsprozess

▶ Harmonie zwischen den Definitionen/Kennzeichnungen von Begriffen und ihrer Verwendung während der gesamten Arbeit

▶ Harmonie zwischen angegebenen Prämissen und dem tatsächlichen Rückgriff auf Prämissen

▶ Harmonie zwischen Untersuchungsdesigns und tatsächlicher Durchführung von Untersuchungen.

Disharmonien sind vollständig zu beseitigen, indem man je nach vorliegender Situation

▶ die ‚Fragestellung/Problemstellung' umformuliert (ausweitet oder verengt) oder die Ausführungen um die Bearbeitung zunächst offen gebliebener/offen gelassener Teilfragen ergänzt

▶ die Erläuterungen zum ‚Gang der Untersuchung' entsprechend umformuliert

▶ die vorläufigen Begriffsfassungen, Angaben zu den Prämissen, Untersuchungsdesigns den tatsächlichen Verwendungen/Gegebenheiten anpasst

▶ ggf. die Argumentation im Text des Kernteils korrigiert, falls die Disharmonien nicht an Defiziten des Basisteils, sondern aus der fehlerhaften Umsetzung eines auch im Rückblick gelungenen Basisteils resultieren.

Die gesamte Behandlung der Fragestellung/Problemstellung im **Kernteil** der Arbeit ist daraufhin zu überarbeiten, dass die **Endfassung**

▶ weder themenfremde Passagen noch hinsichtlich des Themas unnötig breite Passagen zeigt (Kompression der Erstfassung in Richtung auf das Ideal ‚**Jeder Satz ist ein notwendiger Satz!**')

▶ nur lückenlose und in sich widerspruchsfreie Argumentations-/Beleg-/Beweisketten aufweist

▶ frei ist von
   – bloßen Behauptungen, Mutmaßungen, Spekulationen

- ‚eigentlichen' Werturteilen und unbegründeten normativen Aussagen
- Unschärfen, Ungenauigkeiten, Oberflächlichkeiten, Trivialitäten
- ungerechtfertigten Wiederholungen
- Zitierfehlern und fehlenden Quellenangaben
- Gliederungsfehlern
- Stilmängeln und Verstößen gegen Sprachregeln (Rechtschreibung, Grammatik, Satzbau).

VIII. Thesenpapier

Bei Seminararbeiten wird nicht selten als Zusatzleistung die **Erstellung eines Thesenpapiers** verlangt. Thesenpapiere sollen in Seminaren als Diskussionsgrundlage und -anreiz dienen.

BEISPIEL

Zu einem Marketingthema ‚Wandlungen im Seniorenmarkt – Folgerungen für die segmentspezifische Ausrichtung der Werbung' mögen sich etwa folgende Thesen ergeben:

1. Senioren repräsentieren ein quantitativ und kaufkraftbezogen wachsendes Segment, das bisher von der Werbung kaum gesondert bearbeitet wird.
2. Senioren haben andere Wertvorstellungen und Einstellungen als jüngere Zielgruppen, wünschen aber nicht als ‚Senioren' oder gar ‚Alte' angesprochen zu werden.
3. Senioren sind aufgrund eingeschränkter/fehlender sozialer Kontakte und umfangreicherer Freizeit offener für Werbung als jüngere Zielgruppen.
4. Werbekonzepte, die sich durch leichte Erfassbarkeit und deutliche Bezugnahme auf Wertvorstellungen/Einstellungen der Senioren auszeichnen, versprechen die größte Effizienz.
5. Diese Werbekonzepte dürfen die anzubietenden Produkte nicht als Senioren- oder gar als Altersprodukte etikettieren.
6. Durch Konzepte, die nicht senioren- oder altersetikettiert sind, lässt sich auch der Gefahr begegnen, dass Produkte durch seniorenspezifische Werbung das Negativimage ‚alt' erhalten.

Abbildung 42: Beispiel für Thesenpapier

Daraus erklärt sich, dass ein Thesenpapier die Untersuchungsergebnisse einer Arbeit pointiert zu spiegeln hat und bei seiner Formulierung besonderes Gewicht auf umstrittene und damit diskussionsbedürftige Aspekte gelegt werden sollte. Nachdrückliche Diskussionsanreize lassen sich durch bewusst provozierende Formulierungen setzen. Die einzelnen Thesen sind kurz zu halten und folgerichtig (,roter Faden') durchnummeriert darzubieten.

IX. Reinschrift

a.   Grundhinweise

Die folgenden Hinweise spiegeln die allgemein üblichen Grundregeln. Je nach der Institution, an der die Studienarbeit eingereicht wird, sind abweichende Vorschriften zu beachten. Häufig gilt als **Ordnungsschema für die Heftung/Bindung:**

▸   Leerseite
▸   Titelblatt
▸   Inhaltsverzeichnis
▸   eventuell Abkürzungsverzeichnis
▸   eventuell Symbolverzeichnis
▸   eventuell Darstellungsverzeichnis
▸   Textseiten
▸   eventuell Anhang
▸   Literatur-/Quellenverzeichnis
▸   Eidesstattliche Versicherung

Bis zum Beginn der Textseiten pflegt man mit römischen Ziffern, ab Beginn der Textseiten mit arabischen Ziffern zu nummerieren.[41] Alle Seiten sind als DIN A 4-Seiten nur einseitig zu beschreiben. Bei Studienarbeiten muss auch ein Korrekturrand gelassen werden.

---

[41]   Die Titelseite wird dabei in der Regel als Seite I gezählt, ohne allerdings mit dieser Seitenzahl versehen zu werden.

b. Titelblatt

Die beiden Musterblätter in den Abbildungen 43 und 44 erfüllen die Informationsan-
forderungen, die im Allgemeinen an das Titelblatt einer Studienarbeit gestellt werden.

UNIVERSITÄT HAMBURG
Fachbereich BWL

Dozentin: PROF. DR. PETRA PRÜFERIN

SEMINAR UNTERNEHMENSFÜHRUNG (Modulakronym)
WS/SS ......

GENERALTHEMA des Seminars:
Personalarbeit und demographischer Wandel

Hausarbeit zum Thema 10
„Altersteilzeit als Auslaufmodell? Eine personalökonomische Würdigung"

eingereicht von:

Peter Prüfer

6. Semester Bachelorstudiengang BWL;
Matrikelnummer: xxxxxxx

Beispielstr. 39
22111 Hamburg

Tel.: xxxxxxxxx

Hamburg, den ....

Abbildung 43: Beispiel für Titelblatt einer Seminararbeit

**IRRITATIONS- UND REAKTANZEFFEKTE
ALS PROBLEME DER MARKTGERICHTETEN
KOMMUNIKATIONSPOLITIK**

MASTERARBEIT
zur Erlangung des Grades M.Sc. Betriebswirtschaft
am Fachbereich Betriebswirtschaftslehre
der Universität Hamburg

eingereicht von: Prüfer:
cand. rer. pol. Petra Muster   Prof. Dr. PETER PRÜFER
4. Sem. M.Sc. Betriebswirtschaft
Matrikelnummer: ………………..

Beispielstr. 39
22111 Hamburg
Tel.: ………………..

Hamburg, den ………………..

Abbildung 44: Beispiel für Titelblatt einer Masterarbeit

c.   Inhaltsverzeichnis

Im Inhaltsverzeichnis erscheinen alle der Titelseite folgenden Bestandteile der Arbeit unter Angabe der jeweiligen Seitenzahl. Umfangreichster Teil ist jeweils die Gliederung, die man im Inhaltsverzeichnis zwecks besserer Lesbarkeit gestuft bzw. mit Einrückungen für die unterschiedlichen Ebenen der Gliederung anlegt (vgl. Abbildung 45).

INHALTSVERZEICHNIS

ABKÜRZUNGSVERZEICHNIS IV
SYMBOLVERZEICHNIS V
DARSTELLUNGSVERZEICHNIS VI
GLIEDERUNG
A. Grundlegung 1
  I. Problemstellung 1
  II. Gang der Untersuchung 2
  III. Begriffs-Kennzeichnungen 2
    a.
    b.
B.
.
.
.
.
ANHANG 45
QUELLENVERZEICHNIS 48
EIDESSTATTLICHE VERSICHERUNG 52

Abbildung 45: Beispiel für Inhaltsverzeichnis

d. Textseiten

Die Textseiten sollten im **Blocksatz** und mit Anwendung der **Silbentrennung** in einer **Proportionalschriftart** (z. B. Times Roman, Courier, Arial) in der **Schriftgröße** 12 Punkt oder 13 Punkt gefüllt werden. Dabei ist von 1½-zeiligem **Zeilenabstand** und einem Korrekturrand für die Gutachterkommentare von mindestens 5 cm am **linken Seitenrand** sowie mindestens 2 cm am **oberen Seitenrand** (mit Einfügung der Seitenzahl) auszugehen. Der Abstand zwischen den Absätzen kann, muss aber nicht, gegenüber dem normalen Zeilenabstand etwas vergrößert werden. Eine durch eine Linie vom laufenden Text abgetrennte Kopfzeile, in der neben der Seitenzahl auch das Kapitel angegeben wird, in dem die Leserin oder der Leser sich gerade befindet, ist gerade bei längeren Arbeiten sehr leserfreundlich.

Fußnotentexte sind 1-zeilig zu schreiben; entfallen auf eine Seite mehrere Fußnoten, so kann man zwischen ihnen 1½ Zeilen Abstand einrichten. Eine geschlossene Wirkung des Seitenbildes ergibt sich, wenn die Fußnoten durch eine durchlaufende

Linie vom Haupttext abgetrennt werden. Die Schriftgröße kann für die Fußnotentexte kleiner als für den Haupttext sein, sollte bei Textverarbeitungsprogrammen aber nicht unter 9 Punkte gehen. Es empfiehlt sich, die Fußnoten durchlaufend zu nummerieren und leserfreundlich jeweils auf der Seite zu platzieren, auf der auch das Fußnotenzeichen im Text steht.

Gliederungspunkte bzw. Überschriften können auf den Textseiten linksbündig mit jeweils 2-zeiligem Abstand zu den Ausführungen angelegt werden; Fettdruck der Gliederungsoberpunkte oder gegenüber dem Text etwas vergrößerte Schrift sind dabei gängig, aber nicht zwingend.

Hervorhebungen sind im Text eher sparsam zu verwenden, sowohl was ihre Zahl als auch was ihre Form (Fettdruck, Unterstreichung, Sperrung, Kursivsetzung) angeht. Ein Übermaß an Hervorhebungen führt zu einer unruhigen Wirkung der Textseite und vermindert die Orientierungsfunktion von Hervorhebungen.

e.   Anhang

Im Allgemeinen ist in Seminar-, Bachelor- und Masterarbeiten ein ‚**Anhang**‘ weder notwendig noch zweckmäßig.

Das jeweils verwendete **Material** (Tabellen, Grafiken, Fotokopien) **sollte ‚vor Ort‘ präsentiert werden**. Das heißt, man sollte es dort in den Text der Arbeit einfügen, wo man sich auf dieses Material bezieht. Zum einen wird dadurch den Leserinnen und Lesern das Hin- und Herblättern erspart, zum anderen bewahrt diese Verfahrensweise vor ‚Materialgräbern‘. Dadurch lässt sich am ehesten vermeiden, dass in der Sammelphase zusammengetragene, aber letztlich an keiner Stelle der Ausführungen verwendete Materialien in den ‚Anhang‘ eingestellt werden, um ihnen auf diese Weise noch einen ‚gewissen Nutzen‘ zu geben.

Als berechtigte **Ausnahmen von der Grundregel** kommen vor allem in Betracht:

▸   die Bezugnahme im Text bedarf zu ihrer Absicherung/Dokumentation der Präsentation einer recht umfangreichen Grundlage (z. B. Wiedergabe eines längeren Gesetzestextes, einer längeren mathematischen Ableitung) oder originären Internet-Materials,

▸   auf bestimmtes Material wird an mehreren auseinander liegenden Textstellen der Arbeit Bezug genommen,

▸   es sind relativ lange Erklärungen zur Anlage und/oder Auswertung empirischer Untersuchungen abzugeben (z. B. Dokumentation des Wortlautes einer vollstandardisierten Befragung oder Wiedergabe der wörtlichen Protokolle von Experteninterviews).

f.   Literatur-/Quellenverzeichnis

Zur Anfertigung einer wissenschaftlichen Arbeit ist in jedem Fall themenrelevante wissenschaftliche Literatur in Form von

▶   Monografien,
▶   Artikeln in Sammelwerken (Lexika, Handbücher, Festschriften), und/oder
▶   Artikeln in Zeitschriften

heranzuziehen. Bleiben die Recherchen darauf beschränkt, so sind die jeweiligen Titel unter der Überschrift ,**Literaturverzeichnis**' anzuzeigen.

Werden zusätzlich andere Quellen wie

▶   Gesetzestexte
▶   Persönliche Auskünfte
▶   Broschüren

herangezogen, so ist das Gesamtverzeichnis als ,**Quellenverzeichnis**' zu bezeichnen.

Innerhalb des Literatur-/Quellenverzeichnisses sollte der erste Vorname der jeweiligen Autorinnen oder Autoren voll ausgeschrieben angegeben werden, um den Leserinnen und Lesern das Auffinden von Quellen zu erleichtern. Alle weiteren Vornamen können mit den Anfangsbuchstaben abgekürzt werden. Im Falle des **Vollbeleges** kann das Literatur-/ Quellenverzeichnis in die zuvor angeführten Quellenkategorien (Monografien, Artikel in Sammelwerken usw.) untergliedert werden. Allerdings wirkt diese Aufspaltung bei insgesamt relativ kleiner Quellenzahl ,aufgesetzt' und ist heute zunehmend nicht mehr üblich. Das heißt, bei Studienarbeiten empfiehlt sich in der Regel nur die Trennung eventueller Auskünfte von den sonstigen Quellen. Die Quellen sind alphabetisch geordnet anzulegen und innerhalb der alphabetischen Ordnung chronologisch zu sortieren. Für den Fall des Zitierens im **Kurzbeleg** hat jegliche Gruppierung nach bestimmten Quellentypen (z. B. in Monografien, Artikel in Sammelwerken usw.) im Literatur-/Quellenverzeichnis zu unterbleiben. Das Literatur-/Quellenverzeichnis ist also ausschließlich alphabetisch anzulegen und innerhalb der alphabetischen Ordnung – wie im Vollbeleg-Fall – chronologisch zu sortieren.

Ist eine Autorin oder ein Autor mit mehreren Quellen aus einem Jahr vertreten, so hat man die Eindeutigkeit der Zuordnung durch Kleinbuchstaben-Zusätze herzustellen.

LITERATURVERZEICHNIS[42]

Ahlert, Dieter/ Schröder, Hendrik (1989): Rechtliche Grundlagen des Marketing, Stuttgart u. a.

Bänsch, Axel (1987): Zur Verwendung von Furchtappellen in der Werbung und im Persönlichen Verkauf, in: Jahrbuch der Absatz- und Verbrauchsforschung, Jg. 33, S. 304–318

Bänsch, Axel (1989): Produktmanagement zwischen ökologischen Forderungen und ökonomischen Zielen, in: Jokisch, Jens u. a. (Hrsg.), Finanz-, Bank- und Kooperationsmanagement, Festschrift zum 65. Geburtstag von Helmut Lipfert, Frankfurt/M., S. 15–28

Bänsch, Axel (1996 a): Käuferverhalten, 7. Aufl., München

Bänsch, Axel (1996 b): Verkaufspsychologie und Verkaufstechnik, 6. Aufl., München

Bänsch, Axel (1998): Einführung in die Marketing-Lehre, 4. Aufl., München

Haas, Hans-Lüder (1976): Ein Dyopolmodell mit Gleichgewichtslösungen, Wiesbaden

Meffert, Heribert (1986): Marketing, 7. Aufl., Wiesbaden

Ray, Michael L./Wilkie, William L. (1970): Fear: The Potential of an Appeal Neglected by Marketing, in: Journal of Marketing, Vol. 34, No. 1, S. 54-62

Weber, Axel B. (1978): Die Theorie der kognitiven Dissonanz in ihrer Relevanz für Kaufentscheidungen von Konsumenten und für die Gestaltung der Marketingkommunikation, Zürich u. a.

Abbildung 46: Beispiel für Literaturverzeichnis

g. (Eidesstattliche) Erklärung

Eine schriftliche Erklärung der Verfasserin oder des Verfassers, die betreffende Arbeit selbständig und ohne fremde Hilfe angefertigt zu haben, muss in der Regel in allen Studienarbeiten enthalten sein. An vielen Hochschulen muss diese Erklärung heute auch zusätzlich noch eine Einverständniserklärung zur elektronischen Plagiatsprüfung enthalten.

---

[42] Aufgenommen sind in dieses Beispiel Titel, die im Laufe dieser Schrift für Demonstrationen herangezogen wurden. Titel, die sich nur mit ‚o. V.' (= ohne Verfasserangabe) dokumentieren lassen, werden üblicherweise auch rein alphabetisch, also unter dem Buchstaben ‚O' eingeordnet.

Da die Ansprüche der jeweiligen Prüferinnen und Prüfer und je nach Prüfungsordnung an eine derartige Erklärung differieren können, muss man sich vergewissern, welcher Wortlaut an der jeweiligen Hochschule gefordert ist.

Häufig werden Erklärungen des folgenden Typs verlangt:

> „Ich versichere, dass ich die vorstehende Arbeit selbständig und ohne fremde Hilfe angefertigt und mich anderer als der in den beigefügten Verzeichnissen angegebenen Hilfsmittel nicht bedient habe. Alle Textstellen, die wörtlich oder sinngemäß aus Veröffentlichungen entnommen wurden, sind als solche kenntlich gemacht. Alle Quellen, die dem World Wide Web entnommen oder in einer sonstigen digitalen Form verwendet wurden, sind der Arbeit beigefügt. Der Durchführung einer elektronischen Plagiatsprüfung stimme ich hiermit zu. Die eingereichte elektronische Fassung der Arbeit entspricht der eingereichten schriftlichen Fassung exakt. Die Arbeit wurde bisher keiner anderen Prüfungsbehörde vorgelegt und auch nicht veröffentlicht. Ich bin mir bewusst, dass eine unwahre Erklärung rechtliche Folgen haben kann."

Diese Erklärung ist in allen abzugebenden Exemplaren zu datieren und handschriftlich mit Vor- und Nachnamen zu unterzeichnen.

C. Kriterien zur Beurteilung wissenschaftlicher Arbeiten

I. Funktion und Anlage des Kriterien-Kataloges

Wie im Vorwort angekündigt, soll dieser Schlussblock C einen Gesamtüberblick über die Kriterien präsentieren, an denen Gutachterinnen und Gutachter im Allgemeinen ihre Beurteilungen ausrichten.

Die kompakte Zusammenstellung der zuvor (in den Blöcken A und B) ausgeführten Bewertungskriterien gibt die Möglichkeit, nochmals systematisch durchzuchecken, ob die zur Abgabe vorgesehene Fassung tatsächlich in jeder Beziehung bestehen kann oder ob punktuell noch Nachbesserungen nötig sind.

Die bei der Begutachtung relevanten Kriterien werden in Fragen gekleidet, die die Gutachterin oder der Gutachter sich üblicherweise zu eingereichten Arbeiten stellt.

Da hinsichtlich des Gewichtes der einzelnen Kriterien wegen der Individualität der Gutachterinnen und Gutachter und unterschiedlicher Fachtraditionen keine allgemeingültigen Angaben möglich sind, wird hier auf Gewichtungen völlig verzichtet. Auch die Reihenfolge, in der die Kriterien in der Folge erscheinen, sollte noch nicht einmal ansatzweise als Gewichtungshinweis interpretiert werden.

Um die Übersicht möglichst kompakt zu halten, wird in der Zusammenstellung der Kriterien auf alle Zwischentexte verzichtet. Zur besseren Orientierung wurde lediglich nach den Stichworten gruppiert, unter denen die jeweiligen Kriterien bereits im Block A und B erschienen. Im Einzelfall mag es dabei Geschmackssache sein, unter welches Stichwort man bestimmte komplexe Kriterien einordnet (z. B. ‚Registrieren von Lücken, Widersprüchen, Fragwürdigkeiten in der Literatur‘ unter dem Stichwort ‚Literaturbearbeitung‘ oder unter dem Stichwort ‚Eigenständigkeit‘). Entscheidend ist letztlich ‚nur‘, dass eine wissenschaftliche Arbeit alle Kriterien – unter welchem Stichwort auch immer man sie auch sehen mag – erfüllt.

II. Katalog der Bewertungskriterien

FRAGESTELLUNG

▶   Ist die Fragestellung klar formuliert?

▶   Ist die Fragestellung themenadäquat, d. h. bezieht sie sich ausschließlich auf das vorliegende Thema?

▶   Ist die Fragestellung dem Typ der jeweiligen wissenschaftlichen Arbeit adäquat, d. h. schöpft sie das Thema hinsichtlich Breite und Tiefe in der Form aus, die z. B. bei einer Seminar-, Bachelor-, oder Masterarbeit gefordert wird?

BEHANDLUNG DER FRAGESTELLUNG

▶   Zeigen die Ausführungen themenfremde und/oder in der dargebotenen Breite nicht themennotwendige Passagen?

▶   Wurde die Gesamtfragestellung ggf. sinnvoll in Teilfragestellungen untergliedert?

▶   Werden zum Thema gehörende Fragen ganz ausgelassen oder nur partiell behandelt?

▶   Werden Argumentations-/Beleg-/Beweisketten entwickelt?

▶   Sind die entwickelten Argumentations-/Beleg-/Beweisketten lückenlos und in sich widerspruchsfrei?

▶   Welche Stärke zeigen die einzelnen Kettenglieder im Sinne von überzeugend/beweiskräftig versus fragwürdig/ zweifelhaft?

▶   Werden in Relation zu dem zu demonstrierenden wissenschaftlichen Niveau ‚Selbstverständlichkeiten/Trivialitäten‘ ausgebreitet (z. B. Grundstudiums-‚Erkenntnisse‘ in einer Masterarbeit)?

▶   Gibt es ungerechtfertigte Wiederholungen?

ERGEBNISSE

▶   Sind die Ergebnisse klar formuliert?

▶   Harmonieren die Ergebnisse mit der Fragestellung?

▶   Sind die Ergebnisse in sich widerspruchsfrei?

▶   Erscheinen die Ergebnisse ‚wie die Kaninchen aus dem Zauberhut‘ oder als folgerichtige Schlussglieder von Argumentations-/Beleg-/Beweisketten?

DEFINITIONEN, PRÄMISSEN, UNTERSUCHUNGSDESIGNS

▶   Sind alle definitionspflichtigen Begriffe klar und problemstellungsgemäß gefasst und konsequent durchgehalten?

▶ Sind Unterschiede in den Definitionen verschiedener Literaturquellen bei Literaturbezügen korrekt berücksichtigt?

▶ Sind alle verwendeten Prämissen und im Laufe der Arbeit vollzogenen Änderungen der Prämissen jeweils klar angezeigt?

▶ Wurden Unterschiede in den Prämissen bei Bezügen auf unterschiedliche Quellen der Literatur beachtet?

▶ Ist im Falle eigener empirischer Untersuchungen das jeweilige Untersuchungs- und Auswertungsdesign klar und vollständig offengelegt?

▶ Ist bei Bezugnahmen auf empirische Untersuchungen anderer Wissenschaftlerinnen und Wissenschaftler deren Design verständig berücksichtigt?

STIL UND SPRACHREGELN

▶ Ist die Arbeit in ihrer Wortwahl und Ausdrucksweise eindeutig, verständlich, prägnant und treffend?

▶ Sind die einzelnen Sätze klar, inhaltlich aussagefähig und in sich logisch?

▶ Sind die Satzverknüpfungen sprachlich und logisch korrekt, spiegeln die Satzfolgen in lückenloser Form dem Untersuchungsziel adäquate Gedankenabläufe?

▶ Liegen Verstöße gegen die Regeln zur Rechtschreibung, Grammatik oder Zeichensetzung vor?

LITERATURBEARBEITUNG UND ZITIERWEISE

▶ Wurde qualitativ angemessene Literatur in gebührendem Umfang herangezogen?

▶ In welchem Umfang spiegelt sich die im Literaturverzeichnis ausgewiesene Literatur tatsächlich im Text der Arbeit?

▶ Wurde die Literatur korrekt (ohne Verfälschungen, auf letztem Stand, primär) ausgewertet?

▶ In welchem Grade und auf welchem Niveau ist kritische Auseinandersetzung mit der Literatur zu registrieren?

▶ Ist die Zitierweise adäquat (unnötiges Zitieren, Ausmaß wörtlichen Zitierens, Kompilation)?

▶ Ist die Zitierweise korrekt (eindeutige Erkennbarkeit übernommenen und eigenen Gedankengutes, Vollständigkeit der Angaben zu den einzelnen Quellen, kein Plagiat)?

▶ Insgesamt: Wurden die Regeln guter wissenschaftlicher Praxis beim Umgang mit schon vorliegenden Quellen durchgängig eingehalten?

GLIEDERUNG

▶ Ist die Gliederung formal korrekt (konsequente Gliederungs-Klassifikation, tatsächliche und vollständige Untergliederung, richtige Zuordnung von Ober- und Unterpunkten, Reinheit der Kriterien der Untergliederungen, angemessene Gliederungstiefe)?

▶ Ist die Gliederung in allen Teilen und insgesamt inhaltlich verständlich und in Bezug auf das Thema aussagekräftig?

EIGENSTÄNDIGKEIT

▶ Werden Literaturlücken registriert und zu schließen versucht?

▶ Werden Widersprüche und fragwürdige Aussagen in der Literatur herausgearbeitet, kommentiert und ggf. aufgelöst?

▶ Zeigt die Arbeit Eigenständigkeit hinsichtlich
  ▶ des Konzeptes der Problembearbeitung
  ▶ der Darstellung/Illustration, der Verdichtung und Verknüpfung des gesammelten Materials
  ▶ der Texte zur Wiedergabe/Kommentierung der Literatur?

▶ Enthält die Arbeit Eigenleistungen in Form eigener Ansätze, zeigt sie die Umsetzungen eigener Ideen?
  ▶ Auf welchem Niveau liegen diese Eigenleistungen?
  ▶ Wie treffend/abgesichert sind diese Eigenleistungen?

DARSTELLUNGEN UND VERZEICHNISSE

▶ Sind die Darstellungen (Abbildungen, Tabellen) korrekt durchnummeriert und inhaltlich bezeichnet?

▶ Wurden die erforderlichen Verzeichnisse (Inhalts-, Abkürzungs-, Symbol-, Darstellungs-, Literatur-/Quellenverzeichnis) korrekt angelegt und an der jeweils richtigen Stelle der Arbeit platziert?

REINSCHRIFT

▶ Sind das Deckblatt, die Textvorlaufseiten, alle Textseiten und die Textnachlaufseiten in richtiger Aufteilung (Rand, Zeilenabstände) gut lesbar (Größe, Konturierung) gestaltet und in richtiger Form nummeriert (vor erster Textseite: lateinische Ziffern; ab erster Textseite: arabische Ziffern)?

▶ Wurde die eventuell vorgegebene Seitenzahl eingehalten?

▶ Ist die eventuell geforderte eidesstattliche Erklärung korrekt verfasst, datiert und eigenhändig mit Vor- und Zunamen auf allen einzureichenden Exemplaren unterschrieben?

III. Regeln guter wissenschaftlicher Praxis bei der Erstellung von Abschlussarbeiten

Im Text wurde bereits an verschiedenen Stellen darauf hingewiesen, dass es bestimmte Regeln für das wissenschaftliche Arbeiten gibt. Darauf bezogene Regelkataloge werden an den meisten Hochschulen und von vielen wissenschaftlichen Verbänden in Form von „Richtlinien guter wissenschaftlicher Praxis" formuliert. Häufig sind diese Richtlinien auch auf den Internetseiten der jeweiligen Institution zu finden. Studierende sollten sich in jedem Fall über die an ihrer jeweiligen Hochschule gültigen Regeln guter wissenschaftlicher Praxis informieren und diese in ihrem Studium durchgängig beachten.

Im Folgenden sei hier *einer* dieser Regelkataloge abgedruckt, der sich explizit auf das Verfassen wissenschaftlicher Qualifikationsarbeiten richtet und als Handreichung für Prüferinnen und Prüfer sowie die Studierenden und Doktorandinnen/Doktoranden geschrieben wurde. Es handelt sich dabei um das gemeinsame Positionspapier des Allgemeinen Fakultätentages (AFT), der Fakultätentage und des Deutschen Hochschulverbands (DHV) vom 9. Juli 2012. Man kann dieses Positionspapier wie einen Kriterienkatalog oder eine Checkliste hinsichtlich dessen lesen, was Studierende beim Erstellen einer Abschlussarbeit zu beachten haben, um die Regeln guter wissenschaftlicher Praxis im Kern einzuhalten.

Gemeinsames Positionspapier des Allgemeinen Fakultätentages (AFT), der Fakultätentage und des Deutschen Hochschulverbands (DHV) vom 9. Juli 2012

Gute wissenschaftliche Praxis für das Verfassen wissenschaftlicher Qualifikationsarbeiten

I. Präambel
Die Wissenschaft muss sich zunehmend mit sich selbst beschäftigen: National und international wird die Wissenschaft, zum Teil mit erheblicher medialer Aufmerksamkeit, von Fälschungs- und Plagiatsaffären erschüttert. Die digitale Revolution erleichtert einerseits das Plagiat, andererseits aber auch seine Entdeckung. Die Bandbreite wissenschaftlichen Fehlverhaltens bei wissenschaftlichen Publikationen reicht vom Vollplagiat und der vorsätzlichen Datenfälschung bis zu Fällen, deren Beurteilung als unwissenschaftlich oder wissenschaftlich unethisch in der

scientific community kontrovers diskutiert wird. Solche Grauzonen und Streitfälle belegen, dass die unabdingbaren Anforderungen an wissenschaftliches Arbeiten keineswegs selbstverständlich sind. Sie werden vielmehr für auslegungsfähig und –bedürftig gehalten. Insofern bedarf es einer Selbstvergewisserung, was wissenschaftliches Arbeiten ausmacht und wie *lege artis* wissenschaftlich zu arbeiten ist. Vor diesem Hintergrund haben sich der Allgemeine Fakultätentag, die Fakultätentage und der Deutsche Hochschulverband darauf verständigt, unter Einbeziehung der fachspezifischen Kulturen und Besonderheiten gemeinsame, für alle Wissenschaftsdisziplinen geltende Grundsätze guter wissenschaftlicher Praxis zu formulieren. Sie wollen diese Grundsätze auf wissenschaftliche Qualifikationsarbeiten beschränken, die an deutschen Hochschulen verfasst, geprüft und betreut werden. Die Grundsätze sind konzipiert als Handreichungen für Prüfer[43] und Prüflinge, Wissenschaftler und Studierende. In vielfältiger Hinsicht gelten sie aber für jedes wissenschaftliche Publizieren, auch außerhalb von wissenschaftlichen Qualifikationsarbeiten.

Die unterzeichnenden Institutionen haben sich dieser Aufgabe gestellt, weil sie es als essentiell für die Wissenschaft in einem freiheitlichen Gemeinwesen halten, dass für die Definition und Einhaltung wissenschaftlicher Standards nicht der Staat, sondern die Gemeinschaft der Wissenschaftler Verantwortung trägt. Insbesondere den Professoren als Betreuern wissenschaftlicher Qualifikationsarbeiten obliegt es, allgemeine Regeln guter wissenschaftlicher Praxis zu formulieren und in ihrer wissenschaftlichen Tätigkeit in Forschung und Lehre anzuwenden und vorzuleben. Sie haben dafür Sorge zu tragen, dass Studierende und der wissenschaftliche Nachwuchs die Regeln guter wissenschaftlicher Praxis lernen und für das Erkennen wissenschaftlichen Fehlverhaltens sensibilisiert werden.

II. Grundsätze guter wissenschaftlicher Praxis

Wissenschaft ist die Suche nach Wahrheit. Der redliche Umgang mit Daten, Fakten und geistigem Eigentum macht die Wissenschaft erst zur Wissenschaft. Die Redlichkeit in der Suche nach Wahrheit und in der Weitergabe von wissenschaftlicher Erkenntnis bildet das Fundament wissenschaftlichen Arbeitens. Anspruch auf Teilhabe am wissenschaftlichen Diskurs haben solche Wissenschaftler, die die Regeln guter wissenschaftlicher Praxis respektieren.

Mit Fehlverhalten ist eine Grenze überschritten, die Wissenschaftliches und Unwissenschaftliches trennt. Jedes wissenschaftliche Fehlverhalten verletzt das Selbstverständnis und die Glaubwürdigkeit von Wissenschaft. Wissenschaftliches

---

[43] „Verbum hoc ‚si quis' tam masculos quam feminas complectitur" (Corpus Iuris Civilis Dig. L, 16,1)

Fehlverhalten beschädigt nicht nur den Ruf des Täters, sondern auch den der Universitäten und der Wissenschaft insgesamt. Die Unkultur des ‚Wegsehens' ist selbst ein wissenschaftliches Fehlverhalten.

Die Grundregeln wissenschaftlichen Arbeitens sind in allen Wissenschaftsdisziplinen gleich. Oberstes Prinzip ist die Ehrlichkeit gegenüber sich selbst und anderen. Forschungsergebnisse und die ihnen zugrunde liegenden Daten müssen ebenso genau dokumentiert werden und überprüfbar sein, wie die Interpretationsleistungen und ihre Quellen. Die Bereitschaft zum konsequenten Zweifeln an eigenen Ergebnissen muss selbstverständlich bleiben. Fakten und wissenschaftliche Argumente, die die eigene Arbeitshypothese in Zweifel ziehen, dürfen nicht unterdrückt werden.

III. Gute wissenschaftliche Praxis für das Verfassen wissenschaftlicher Qualifikationsarbeiten

Wissenschaftliche Qualifikationsarbeiten sind vor allem die Bachelorarbeit, die Masterarbeit, die Dissertation und die Habilitationsschrift. Sie haben innerhalb der Universität unterschiedliche Funktionen und für sie gelten unterschiedliche Maßstäbe. Die nachfolgenden Grundregeln wissenschaftlichen Arbeitens sind ihnen aber gemeinsam.

1) Originalität und Eigenständigkeit

Originalität und Eigenständigkeit sind grundsätzlich die wichtigsten Qualitätskriterien jeder wissenschaftlichen Arbeit. Dabei werden an diese Kriterien je nachdem, welche Qualifikation mit der Arbeit nachgewiesen werden soll, gestufte, sich steigernde Anforderungen zu stellen sein. Die Güte einer wissenschaftlichen Qualifikationsarbeit bemisst sich - insbesondere in den Geistes- und Sozialwissenschaften - aber auch nach der Fähigkeit des Autors, fremden Gedankengängen und Inhalten aus wissenschaftlichen Vorarbeiten vor dem Hintergrund eigener Erkenntnis einen eigenen sprachlichen Ausdruck zu verleihen. Erst mit diesem mit Zitaten bzw. Verweisen belegten Vorgang macht sich ein Verfasser fremde Gedanken und Resultate legitimerweise zu eigen. Insbesondere in den Natur- und Ingenieurwissenschaften beweist sich Originalität und Eigenständigkeit im experimentellen Design, der kritischen Analyse und Wertung der Daten und der Fähigkeit, in differenzierender Weise erhobene Ergebnisse in den wissenschaftlichen Kontext einzubinden.

2) Recherche und Zitation

Alle Qualifikationsarbeiten erfordern ein korrektes und sorgfältiges Recherchieren und Zitieren bzw. Verweisen. Durchgängig und unmissverständlich muss für den Leser erkennbar sein, was an fremdem geistigem Eigentum übernommen wurde. Was wörtlich und gedanklich entlehnt wird, muss deutlich erkennbar sein.

3) Einflüsse

In Qualifikationsarbeiten sollten stets alle (externen) Faktoren offen gelegt werden, die aus der Sicht eines objektiven Dritten dazu geeignet sind, Zweifel am Zustandekommen eines vollständig unabhängigen wissenschaftlichen Urteils zu nähren. Sinnvoll erscheint es auch, die Förderung eines Werkes durch Stipendien, Drittmittel oder wirtschaftliche Vorteile kenntlich zu machen.

4) Zuschreibung von Aussagen

Zu den Grundregeln wissenschaftlichen Arbeitens gehört, dass der Autor sorgfältig darauf achtet, zitierten Autoren keine Aussagen zu unterstellen, die diese nicht oder nicht in der wiedergegebenen Form gemacht haben.

5) Übersetzungen

Wer fremdsprachliche Texte selbst übersetzt, hat dies unter Benennung der Originalquelle kenntlich zu machen. Gerade bei einer „sinngemäßen Übersetzung" ist darauf zu achten, dass dem übersetzten Autor kein Text unterstellt wird, den er mit diesem Inhalt nicht geäußert hat. Wer sich auf Übersetzungen Dritter stützt, hat dies kenntlich zu machen.

6) Fachspezifisches Allgemeinwissen

Das tradierte Allgemeinwissen einer Fachdisziplin muss nicht durch Zitierungen bzw. Verweise nachgewiesen werden. Was zu diesem Allgemeinwissen zählt, ist aus der Sicht der jeweiligen Fachdisziplin zu beurteilen. Im Zweifel obliegt eine Entscheidung der Institution, die die angestrebte Qualifikation bescheinigt.

7) Plagiate und Datenmanipulation

Das Plagiat, also die wörtliche und gedankliche Übernahme fremden geistigen Eigentums ohne entsprechende Kenntlichmachung, stellt einen Verstoß gegen die Regeln korrekten wissenschaftlichen Arbeitens dar. Gleiches gilt für die Manipulation von Daten. Plagiate und Datenmanipulationen sind im Regelfall prüfungsrelevante Täuschungsversuche.

8) Eigene Arbeiten und Texte

Die Übernahme eigener Arbeiten und Texte verstößt dann gegen die Regeln guter wissenschaftlicher Praxis, wenn diese Übernahme in einer Qualifikationsarbeit nicht belegt und zitiert wird. Prüfungsordnungen können die Wiederverwertung desselben oder ähnlichen Textes desselben Verfassers ausschließen. Dies gilt insbesondere für Dissertationen.

9) ,Ghostwriting'

Ein schwerwiegender Verstoß gegen die Regeln guter wissenschaftlicher Praxis ist das Zusammenwirken des Verfassers mit einem Dritten, der Texte oder Textteile zu einer Qualifikationsarbeit beisteuert, die der Autor mit dem Einverständnis des Ghostwriters als eigenen Text ausgibt.

10) Mehrere Autoren
Bei gemeinschaftlichen Qualifikationsarbeiten ist der eigene Anteil des jeweiligen Autors dem Leser gegenüber deutlich zu machen. Dies schließt aus, dass jemand Autor sein kann, der selbst keinen ins Gewicht fallenden Beitrag zu einer Qualifikationsarbeit geleistet hat. Ehrenautorschaften oder Autorschaften kraft einer hierarchisch übergeordneten Position ohne eigenen substantiellen Beitrag sind grundsätzlich wissenschaftliches Fehlverhalten.

11) Doppelte Verantwortung
Die Verantwortung für die Einhaltung der Grundregeln wissenschaftlichen Arbeitens trägt in erster Linie der Verfasser einer wissenschaftlichen Qualifikationsarbeit. Aber auch den Betreuern und/oder den Prüfern kommt Verantwortung zu. Die Aufgabe der Betreuer ist es, den Prüflingen vor Beginn der Arbeit die Grundregeln wissenschaftlichen Arbeitens mitzuteilen und gegebenenfalls zu erläutern. Die Aufgabe der Betreuer und Prüfer ist es auch, Zweifeln an der Einhaltung der Grundregeln wissenschaftlichen Arbeitens bei einer Qualifikationsarbeit konsequent nachzugehen. Soweit eine Prüfungsordnung und das allgemeine Prüfungsrecht dies zulassen, kann die Betreuertätigkeit (partiell) delegiert werden. Die Letztverantwortung des Prüfers selbst ist demgegenüber eine höchst persönliche, die niemals delegierbar ist. Allerdings kann der Prüfer sich in Spezialfragen Rat einholen, um Teilgebiete wissenschaftlicher Arbeiten (z.B. bei interdisziplinären Projekten) kompetent beurteilen zu können.
(es folgen Unterschriften …; A. B./D.A.)

Abbildung 47: Gute wissenschaftliche Praxis für das Verfassen wissenschaftlicher Qualifikationsarbeiten (Gemeinsames Positionspapier des Allgemeinen Fakultätentages, der Fakultätentage und des Deutschen Hochschulverbands vom 09. Juli 2012)

Quelle: Internetseite des Hochschulverbandes http://www.hochschulverband.-de/cms1/uploads/media/Gute_wiss._Praxis_Fakul-taetentage_01.pdf; abgerufen am 04.03.2013

Glossar

= Verzeichnis von Wörtern mit Erklärungen
[Bei verschiedenen Wortbedeutungen sind jeweils nur auf wissenschaftliches Arbeiten bezogene Bedeutungen erfasst].

Annalen
Jahrbücher.

Auswertungsdesign
Gesamtheit der Informationen über die verwendeten Methoden zur Verdichtung und Analyse von Daten aus empirischen ($\rightarrow$ Empirismus) Untersuchungen.
$\rightarrow$ Erhebungsdesign

Axiom
Basissatz, der aufgrund seiner Selbstevidenz eines Beweisgrundes weder bedürftig noch fähig ist; dient als Grundlage für die Ableitung weiterer Sätze und ist selbst nicht mehr aus noch allgemeineren Sätzen herleitbar.

Befragung
Methode der $\rightarrow$ Primärforschung zur Datenerhebung. Als Befragungsformen sind das $\rightarrow$ Interview und die schriftliche Befragung zu unterscheiden.

Beobachtung
Methode der $\rightarrow$ Primärforschung zur Datenerhebung, bei der wahrnehmbare Eigenschaften und Verhaltensweisen von Personen zum Zeitpunkt des Auftretens registriert werden.

Bibliographie
Bücherverzeichnis; Bücherkunde.

Ceteris paribus-Bedingung
Annahme, dass sich nur bestimmte $\rightarrow$ Variablen ändern und alle übrigen (ceteris) gleich (paribus) bleiben. Zum Beispiel: Analyse der Wirkung von Preisänderungen auf die Absatzmenge eines Produktes unter ‚c.p.-Annahme' für alle weiteren (möglichen) Einflussfaktoren (Serviceeinsatz, Distributionsquote, Werbung usw.).

Sind die c.p.-Variablen benannt, handelt es sich um eine spezifizierte c.p.-Bedingung. Nichtangabe der c.p.-Variablen vermindert oder beseitigt die Prüfbarkeit (Immunisierung gegen → Falsifizierung).

Deduktion
Ableitung des Besonderen aus dem Allgemeinen.
→ Induktion

Design
→ Auswertungsdesign
→ Erhebungsdesign

Deskription
Beschreibung.

Dissertation
Wissenschaftliche Abhandlung zum Erwerb der Doktorwürde.

Dogma
(kirchlicher) Glaubenssatz mit dem Anspruch unbedingter Geltung.

Dogmatismus
Übertrieben erscheinende Vertretung einer Lehre: unselbständiges, an Glaubenssätze gebundenes Denken.

Eklektizismus
Auswählen/Zusammenstellen passend erscheinender Elemente aus verschiedenen Systemen (Theorien oder Forschungsansätzen).

Ellipse
Auslassung in wörtlichen Zitaten.

Empirem
Erfahrungstatsache.

Empirismus
Philosophische Lehre, die als Erkenntnisquelle nur Sinneserfahrungen (→ Befragung, → Beobachtung, → Experiment) zulässt.

Entscheidungs-Modell
→ Erklärungsmodell mit Zielformulierung; dient der Ableitung zielkonformer Alternativen.

Enzyklopädie
Nachschlagewerk.

Epilog
Nachwort.
→ Prolog

Erhebungsdesign
Gesamtheit der Informationen über die Anlage und Durchführung empirischer (→ Empirismus) Untersuchungen (→ Beobachtung, → Befragung, → Experiment).
→ Auswertungsdesign

Erklärungs-Modell
→ Modell zur Beschreibung und Erklärung von Zuständen und/oder Prozessen.

Exkurs
Vom lateinischen Wort ‚excursio' (= Ausflug) abgeleitete Bezeichnung für ‚Abschweifung vom Thema'.

Experiment
Als Methode der → Primärforschung ein Erhebungsansatz, bei dem es eine (der → Beobachtung und/oder → Befragung vorgelagerte) Phase gibt, in der die Forscher aktiv in den Entstehungsprozess der zu erhebenden Daten eingreifen, indem sie den Tatbestand herbeiführen, über den ermittelt werden soll.

Explikation
Erklärung, Erläuterung.

Exploratives Interview
Synonym zu → ‚Unstrukturiertes Interview'; d. h. von der Interviewerin/vom Interviewer ohne Vorformulierung frei geführte mündliche Befragung.

Explorative Studie
Synonym zu → Pilotstudie.

Exposition
Einführender Teil einer Abhandlung.

Exzerpt
Sinngemäßer oder wörtlicher schriftlicher Auszug aus einer Publikation.

Faksimile
Originalgetreuer Nachdruck.

Falsifizierung
Widerlegung einer → Hypothese.
→ Verifizierung

Feldforschung
→ Primärforschung

Flächenstichprobe
Verfahren der statistischen → Zufallsauswahl, bei dem man ein bestimmtes geografisches Gesamtgebiet in Teilgebiete (Teilmassen) zerlegt. Befragt werden nur die Personen, die in den (im Zufallsverfahren) gezogenen Gebieten wohnen.

Habilitationsschrift
Wissenschaftliche Abhandlung zum Erwerb der Lehrberechtigung an Hochschulen/Universitäten (Venia legendi = Erlaubnis, an Hochschulen/Universitäten zu lehren).

Halbstrukturiertes Interview
Befragung, bei der der Interviewerin/dem Interviewer lediglich das Fragegerüst vorgegeben ist.
→ Unstrukturiertes Interview
→ Vollstrukturiertes Interview

Heuristik
Gezieltes Suchen nach guten Lösungen für komplexe Probleme, die sich (noch) gar nicht oder nur sehr aufwendig exakt lösen lassen.

Homonym
Wort, das zu einem anderen gleichlautend, aber bedeutungsverschieden ist (z. B.: Ball als Spielzeug, Ball als Gesellschaftsereignis).

Hypothese
Begründete Vermutung über Zusammenhänge.

ibidem
Als Zitierkürzel: ‚ebenda‘.

Indikator
Hilfsgröße zur Messung komplexer, selbst nicht direkt messbarer Phänomene. Die ‚Indikator-Problematik‘ besteht im Allgemeinen darin, dass für komplexe Phänomene absolut bedeutungsgleiche Hilfsgrößen nicht zu finden sind und die damit programmierten Bedeutungsabweichungen nicht exakt angegeben werden können.

Beispiel: Messung der ‚Mitarbeiterzufriedenheit' über Hilfsgrößen wie Absentis-musrate, Fluktuationsrate, Zahl der Verbesserungsvorschläge von Mitarbeitern.
Hilfsgröße zur → Prognose von Entwicklungen. Beispiel: Vorhersage der Absatz-menge an Baby-Fertignahrung aus der registrierten Geburtenzahl.

Induktion
Schließen vom besonderen Einzelfall auf das Allgemeine.
→ Deduktion

Interpolation
Einfügung/Ergänzung/Zusatz in wörtlichen Zitaten durch den Zitierenden.

Interview
Unmittelbar mündliche oder telefonische Befragung.
→ Halbstrukturiertes Interview
→ Unstrukturiertes Interview
→ Vollstrukturiertes Interview

Klassenzimmerbefragung
Schriftliche Befragung über Verteilung von Fragebogen an Personen in einem ge-schlossenen Raum; die Fragebogen sind vor Ort auszufüllen und abzugeben.

Kompendium
Kompaktes Lehrbuch.

Kompilation
Unschöpferisches bloßes Übernehmen/Abschreiben aus der Literatur; durch Zu-sammentragen unverarbeiteten Stoffes zustande gekommene Schrift ohne wissen-schaftlichen Wert.

Legende
Erläuterung von Abkürzungen oder Zeichen.

loco citato
Als Zitierkürzel: ‚am angeführten Ort'.

Manuskript
Eigentlich ‚handschriftliche' (lat. ‚manus' = Hand) Fassung von Ausführungen; inzwischen ist üblich geworden, darunter ‚jede Form der schriftlichen Fassung von Ausführungen' zu verstehen.

Metaebene
Übergeordnete Ebene.

Methodologie
Lehre von den wissenschaftlichen Methoden.

Modell
Vereinfachtes Abbild der Realität, das durch Setzen von Annahmen ($\rightarrow$ Prämisse) entwickelt wird.
$\rightarrow$ Entscheidungs-Modell
$\rightarrow$ Erklärungs-Modell
$\rightarrow$ Prognose-Modell

Monographie
Einzeldarstellung; wissenschaftliche Untersuchung, die sich einem einzelnen Gegenstand/einer einzelnen Erscheinung widmet.

Normativismus
In wissenschaftlichen Aussagen auch eigentliche Werturteile ($\rightarrow$ Werturteile, eigentliche) zulassende Richtung.

Notation
System von Symbolen und Zeichen.

Paradigma
Bestimmtes Wissenschaftsprogramm resp. wissenschaftliches Problemlösungsmuster, das eine größere Zahl von Fachvertreterinnen oder Fachvertretern leitet.

passim
Als Zitierhinweis: ,da und dort'/,verstreut'.

Periodikum
Regelmäßig erscheinende Veröffentlichung (z. B. Zeitschrift).

Pilotstudie
Allg.: Voruntersuchung, um mit einem Untersuchungsgegenstand vertraut zu werden; speziell: Vorlaufstudie (ohne Repräsentanzansprüche) zum Test eines Untersuchungskonzeptes.

Pleonasmus
Überflüssige Häufung sinngleicher oder sinnähnlicher Ausdrücke, z. B. ,wieder von Neuem', ,sinnlos verschwenden'.

Prämisse
Voraussetzung: im $\rightarrow$ Modell eine zur Vereinfachung der Realität gesetzte Annahme.

Präskription
‚Vorschreibung' i. S. v. ,etwas zur Forderung erheben'.

Pragmatismus
Philosophische Lehrmeinung, die als Maß der Wahrheit die Nützlichkeit oder Zweckdienlichkeit verwendet, also keine allgemein gültige Wahrheit kennt.

Primärforschung
Informationsgewinnung durch originäre Datenerhebung über → Befragungen, → Beobachtungen und → Experimente.

Proband
Testperson in empirischen Untersuchungen; beobachtete und/oder befragte Person.

Prognose
Vorausberechnung oder Vorausschätzung künftiger Größen und Ereignisse aus vorliegenden Zeitreihen, → Indikatoren, Erfahrungen und/oder intuitiven Annahmen.

Prognose-Modell
→ Modell zur Vorhersage von Zuständen und/oder Prozessen.

Prolog
Vorwort.
→ Epilog

Ranking
Bilden einer Rangordnung.

Redundanz
Verlängerung einer Aussage durch überflüssige Elemente; d. h., durch Elemente, die keine zusätzliche Information vermitteln, sondern die Grundinformation lediglich wiederholen.

Rezension
Buchbesprechung.

Schreibtischforschung
→ Sekundärforschung

Sekundärforschung
Informationsgewinnung aus bereits vorhandenen, ursprünglich für andere Zwecke erhobenen Daten.
→ Primärforschung

Synonym
Sinnähnliches oder sinnidentisches Wort.

Synopse
Kompakte Zusammenfassung; vergleichende Übersicht.

Tautologie
Wiedergabe eines Sachverhaltes mit synonymen Wörtern (→ Synonym); z. B.: einzig und allein, immer und ewig. In der Logik: Zirkeldefinition: d. h., es wird dasselbe nur mit anderen Wörtern formuliert.

Terminologie
Gesamtheit der Fachwörter eines bestimmten Fachgebietes sowie die Lehre von diesen Fachwörtern.

Theorem
Aus → Axiom(en) abgeleitete Aussage(n).

These
Behauptung; Leitsatz.

Unstrukturiertes Interview
Befragung, bei der es der Interviewerin/dem Interviewer überlassen ist, wie (über welche Fragen, in welcher Reihenfolge) sie/er Informationen erhebt.
→ Halbstrukturiertes Interview
→ Vollstrukturiertes Interview

Variable
Merkmal von Untersuchungsobjekten, das verschiedene Ausprägungen aufweisen kann.

Variable, abhängige
→ Variable, deren Ausprägungen durch eine oder mehrere andere Variable bestimmt/erklärt werden.

Variable, unabhängige
→ Variable, deren Ausprägungen die Entwicklung einer oder mehrerer anderer Variablen bestimmen/erklären.

Verifizierung
,Bewahrheitung' durch Überprüfung; in Bezug auf → Hypothesen letztlich unmöglich.
→ Falsifizierung

Vollstrukturiertes Interview
Durch genau festgelegten Fragewortlaut und vorgeschriebene Reihenfolge der Fragen gekennzeichnete → Befragung (= standardisiertes, normiertes Interview).
→ Halbstrukturiertes Interview
→ Unstrukturiertes Interview

Werturteil, eigentliches
Wertung im Aussagenbereich i. S. v. wertender Aussage, die in ihrer Wahrheit objektiv nicht überprüfbar ist und sich damit der Falsifizierbarkeit (→ Falsifizierung) entzieht. Im Gegensatz zur Seinsinformation/zum Seinsurteil (z. B.: Produkt A wiegt 1 kg) ein Urteil, das eine Bewertung ausdrückt (z. B.: Produkt A ist schön).

Ergänzende Literaturhinweise

Albert, Hans (1993): Wertfreiheit als methodisches Prinzip: zur Frage der Notwendigkeit einer normativen Sozialwissenschaft. In: Ernst Topitsch (Hrsg.). Unter Mitarbeit von Peter Payer, Logik der Sozialwissenschaften, 12. Aufl., Frankfurt am Main, S. 196–225

Altmann, Jörg (1991): Begriffsverwirrungen in der Ökonomie – Von Konjunktur und Unkosten, in: Das Wirtschaftsstudium, 20. Jg., S. 701–706

Bräuer, Gerd (1998): Schreibend lernen, Innsbruck

Dichtl, Erwin (1996): Deutsch für Ökonomen: Lehrbeispiele für Sprachbeflissene, München

Dudenredaktion: DUDEN-Fremdwörterbuch, Mannheim u. a., jeweils neueste Auflage

Dudenredaktion: DUDEN-Grammatik, Mannheim u. a., jeweils neueste Auflage

Dudenredaktion: DUDEN-Rechtschreibung, Mannheim u. a., jeweils neueste Auflage

Esselborn-Krumbiegel, Helga (2008): Von der Idee zum Text; Stuttgart

Frank, Andrea/Haacke, Stefanie/Lahm, Swantje (2007): Schlüsselkompetenzen, Schreiben in Studium und Beruf; Stuttgart

Halfmann, Marion/Matzel, Manfred (1995): Strategien zur Suche von Themen für wissenschaftliche Arbeiten, in: Wirtschaftswissenschaftliches Studium, Jg. 24, S. 654–656

Kornmeier, Martin (2007): Wissenschaftstheorie und wissenschaftliches Arbeiten. Eine Einführung für Wirtschaftswissenschaftler; Heidelberg

Kruse, Otto (2007): Keine Angst vor dem leeren Blatt; 12. Auflage, Frankfurt

Nienhüser, Werner/ Magnus, Markus (2003): Die wissenschaftliche Bearbeitung personalwirtschaftlicher Problemstellungen: Eine Einführung; Essener Beiträge zur Personalforschung, Nr. 2/2003, Fachbereich Wirtschaftswissenschaften, Universität Duisburg-Essen, Essen

Nienhüser, Werner/Krins, Christina (2005): Betriebliche Personalforschung. Eine problemorientierte Einführung; München und Mering

Reiners, Ludwig (2013): Stilfibel. Der sichere Weg zum guten Deutsch; 4. Aufl. in neuer Rechtschreibung, München

Wolfsberger, Judith (2010): Frei geschrieben. Mut, Freiheit und Strategie für wissenschaftliche Abschlussarbeiten; 3. Aufl., Stuttgart

Stichwortverzeichnis